CKS

MÉMOIRES

DE

JOSEPH REYNIER

Ancien Tisseur

MA NAISSANCE — MON ENFANCE
SAINT-SIMONISME — FOURIÉRISME
PRESTIDIGITATION — THÉATRE — MUSIQUE
MUTUELLISME — SOCIÉTÉ CIVILE
MAGNÉTISME — SPIRITISME
MON PROCÈS AUX HOSPICES
POLITIQUE
FRANC-MAÇONNERIE

SON PORTRAIT
SON TESTAMENT — SES FUNÉRAILLES

PRIX : 1 FR. 25

L'OUVRAGE SE TROUVE
Aux Temples de la rue Garibaldi, 45, et de la rue Hénon, 40

LYON

1898

MÉMOIRES

DE

JOSEPH REYNIER

Ancien Tisseur

MA NAISSANCE — MON ENFANCE
SAINT-SIMONISME — FOURIÉRISME
PRESTIDIGITATION — THÉATRE — MUSIQUE
MUTUELLISME — SOCIÉTÉ CIVILE
MAGNÉTISME — SPIRITISME
MON PROCÈS AUX HOSPICES
POLITIQUE
FRANC-MAÇONNERIE

LYON

1898

AUX LECTEURS

Mettre en ordre les Mémoires de notre regretté F.·. J. Reynier n'était pas aussi facile que vous avez pu le supposer.

J'aurais pu les refaire, mais ceux qui avaient entrepris cette tâche tenaient à ce que, dans ces récits et ces histoires, vous reconnaissiez tous le langage et la manière de dire de celui qui n'est plus.

Ces Mémoires auraient dû être terminées depuis longtemps, comme sa famille, du reste, lui avait promis à son lit de mort ; malheureusement, pour différentes causes, cette publication a, jusqu'à ce jour, toujours été retardée, mais enfin la voilà terminée et la promesse est tenue.

J'ai fait dans ce travail quelques coupures, jugées utiles, tout en restant dans le cadre tracé par sa famille.

Il est assez rare de voir un ouvrier écrire ses Mémoires ; manque d'instruction complète et de temps d'abord, absence de moyens pécuniaires souvent, sont autant d'obstacles pour qu'il se mette à l'œuvre.

Je m'attends bien, parmi ses amis, d'en voir quelques-uns ne pas approuver ma manière de traiter les notes laissées par lui, mais j'ai suivi ma conscience et surtout l'avis des siens et de ceux qui le connaissaient amicalement, aussi prierai-je tous les Lecteurs de cette vie d'avoir un peu d'indulgence pour moi, qui ai entrepris une tâche bien ingrate.

A. M.

A la fin de ces Mémoires, j'ai mis comme appendice :

1° Les ouvrages publiées par le F.·. Reynier ;

2° Ses derniers moments. — Son testament. — Sa mort et ses funérailles.

AVANT-PROPOS

En écrivant mes Mémoires, je n'ai pas eu la prétention, croyez-le bien, de faire une œuvre littéraire, je raconte simplement ma vie, mes labeurs et mes luttes.

A Lyon, où presque tout le monde me connaît, on sait que j'ai appris tout par moi même et sans maître.

Je compte donc sur votre indulgence, Chers Lecteurs.

Si j'ai fait ma biographie, ce n'est que sollicité par mes nombreux amis et suis heureux d'avoir l'occasion, aujourd'hui, de leur exprimer mes remerciements pour les sympathies et les hommages qu'ils m'ont toujours prodigués pendant ma longue carrière.

J. Reynier.

A MES LECTEURS

Pour la clarté de mon récit, il m'a été plus commode de classer ma biographie par chapitre et ainsi qu'il suit :

1er Chapitre. — Ma naissance. — Mon enfance.
2e Chapitre. — Saint-Simonisme. — Fouriérisme.
3e Chapitre. — Prestidigitation. — Théâtre. — Musique.
4e Chapitre. — Mutuellisme et Société civile.
5e Chapitre. — Magnétisme et Spiritisme.
6e Chapitre. — Mon procès aux Hospices.
7e Chapitre. — Politique.
8e Chapitre. — Franc-Maçonnerie

PREMIÈRE PARTIE

I

MA NAISSANCE. — MON ENFANCE

Je suis né le 3 mai 1841, dans la bonne ville de Lyon.

Ma famille est originaire des Alpes. N'ayant aucun métier, mon père et ma mère vinrent à Lyon pour apprendre celui de tisseur; par suite d'ordre et d'économie ils purent élever leurs sept enfants, et après leur mort, laisser aux trois survivants une dizaine de mille francs.

Seul de garçon, cadet de la famille, je fus confié dès mon bas âge, aux soins de deux nourrices mercenaires, et, un mauvais lait fut ma première nourriture, ce qui influa sur ma santé.

Plus tard, lorsque je fus plus grand, comme l'air de la ville était contraire à mon tempérament et que j'étais toujours malade lorsque je revenais à la maison, mes parents décidèrent de me placer à la campagne chez des paysans où, comme salaire, je gardais les bestiaux.

A l'âge de douze ans, mes parents pensant que j'étais assez fort pour supporter le climat de la ville me firent revenir près d'eux, mais quelques jours après mon arrivée, je pris la petite vérole avec une aggravation telle que mon corps n'était qu'une plaie. Ma mère me soigna tellement bien que je revins à la santé. Je crois même que cette maladie me fut salutaire.

II

A L'ÉCOLE DES FRÈRES. — JE SUIS CANUT

Aussitôt rétabli, ma mère me fit aller à l'école chez les Frères de la Doctrine Chrétienne.

Dans ce temps-là, on apprenait à prier, on faisait chanter des cantiques, j'allais au catéchisme, mais comme nous passions en prières la moitié des heures que les frères auraient dû consacrer à l'étude, je sortis de chez eux, ne sachant presque ni lire ni écrire. Ce n'est guère étonnant car ils n'en savaient pas beaucoup, ces bons frères !

Comme j'étais trop chétif pour travailler sur le métier, je faisais des canettes et des commissions pour les voisins. Je devais rapporter à mes parents trois francs par semaine, le surplus devant servir à mon entretien.

Le dimanche, après les offices, ma mère avait coutume de nous mener aux Brotteaux vers notre père qui jouait aux boules. Comme ce jeu n'était pas mon fort, je m'esquivais. Un jour, malgré la défense de ma mère, je m'éloignai d'elle, et m'amusai à jeter des pierres dans une lône voisine, mon pied glissa et je tombai dans l'eau. Le bruit de ma chute fut heureusement entendu d'un voisin qui accourut assez vite pour me retirer sain et sauf.

J'étais souvent grondé pour les retards que j'apportais dans les commissions, que voulez-vous, je me sentais déjà lancé vers les arts, je regardais les images, je prenais même des croquis, ne vous déplaise.

Un jour, le fils de notre propriétaire, qui était dessinateur de fabrique, remarqua mes dispositions et fit à mon père la proposition de me faire suivre les cours de dessin du palais Saint Pierre ; il refusa sous prétexte que seul garçon de la famille je devais l'aider dans son état, puis ma mère, très pieuse, craignait que moi, son fils, par le contact avec les jeunes gens qui suivaient les cours, je ne fis de mauvaises connaissances. Adieu donc crayons et dessins! je pliai tout en un paquet que je conserve toujours comme souvenir, et me remis au métier.

Tout en travaillant, je tenais à m'instruire, je voulais savoir lire, j'y suis arrivé grâce à la complaisance d'un voisin qui venait à la maison trois fois par semaine. Je commençais à connaître les trois premières règles de l'arithmétique.

N'ayant pu comme je l'aurais voulu, cultiver les arts, mes regards se tournèrent vers la mécanique Jacquard, qui commençait alors à se répandre, et un jour je priai mon père de m'en acheter une, ce qu'il fit immédiatement.

J'ai fabriqué mon métier moi-même, sans aucune leçon, sans visiter d'autres ateliers et je parvins, malgré cela, à monter cette mécanique qui m'a permis de pouvoir durant ma vie, tisser tous les genres d'étoffes.

Je fis même des élèves, j'avais monté un atelier à ma sœur aînée, elle surveillait le travail ; mais pendant ce temps là, dans le mien, il manquait une femme ; aussi mes parents résolurent de me marier après mon tirage au sort, mais mon idée n'était pas là, je pressentais qu'une révolution se préparait.

Nous étions alors en 1831 et comme la conscription m'appelait, je tirai au sort, hélas! je fus réformé pour faiblesse de constitution.

III

JOURNÉE DU 21 NOVEMBRE 1831

Trois mois après, de graves questions, divisaient nos ouvriers, et les fabricants qui avaient signé un tarif, sous le patronage des autorités, ne voulurent plus en tenir compte au moment de le mettre en vigueur, alors une grande rumeur s'éleva au sein de la corporation.

Deux jours après cet incident, j'étais avec mon beau-frère, j'allais rendre de l'étoffe dans la maison O..... frères, montée du Griffon, et nous causions avec l'employé du magasin, au sujet du tarif refusé, lorsqu'un de ces messieurs, qui avait surpris notre conversation, sortit avec un pistolet à la main et le brandissant en l'air il dit tout haut : « *Qui parle ici de tarif, voici pour le recevoir.* »

Ces paroles à peine lancées, furent le commencement de l'émeute et les ouvriers qui se trouvaient dans la rue décidèrent de prendre les armes.

Voilà comment je fus probablement le premier, cause de l'émeute et forcé de marcher en avant pour défendre la bannière du travail sur laquelle les ouvriers tisseurs avaient inscrit : *Vivre en travaillant ou mourir en combattant* ; c'était aussi ma devise.

Je savais manier un fusil, je rejoignis un groupe de jeunes gens comme moi, nous résolûmes de prendre le poste de Bellecour où les fabricants avaient placé des gardes. Ce que nous fîmes en effet sans grande peine car à notre approche ces gardes se sauvèrent laissant fusils, munitions et même leur dîner.

De là nous nous dirigeâmes vers le poste des Recluses, à côté de l'église Saint-François, c'est là que se tenait le conseil de guerre. Le poste, commandé par un sergent, essaya bien de résister mais il était composé d'un très petit nombre d'hommes que nous pûmes désarmer et enfermer dans le corps de garde sous la surveillance d'un factionnaire.

Nous nous rendîmes ensuite près du pont Lafayette où la lutte commençait à s'engager. A peine arrivés, une balle vint frapper au front mon voisin et le tua raide. J'avoue que je fus épouvanté, mais, reprenant courage, nous nous dirigeâmes vers le café de la Perle que défendaient des grenadiers, ils tiraient sur le peuple des fenêtres du premier étage. Pour les déloger il fallut faire un siège en règle. Amoncelant des fagots, pris chez un boulanger, nous y mîmes le feu, mais nos gaillards s'étaient éclipsés par une porte dérobée. Il nous fut facile ensuite de nous rendre maître de l'hôtel de-ville.

Après y avoir passé la nuit en faction, je pensai à mes parents, je me rendis à la maison où je trouvai ma mère en larmes. Après l'avoir rassurée je repartis malgré elle. Arrivé au poste, je fus nommé *caporal*.

N'ayant pas mangé le matin je me dirigeai pour acheter quelques victuailles, lorsque j'appris que des grenadiers étaient menacés par la foule grossissante qui ne parlait ni plus ni moins que de les jeter au Rhône. Je pris une dizaine d'hommes et revins vers eux en leur disant que ces hommes étaient des citoyens comme nous, obéissant à leurs chefs, de ne pas les houspiller ainsi; mes paroles les calmèrent et, profitant de leur moment de raison, nous les conduisîmes à l'hôpital, plutôt pour les mettre en sûreté que pour les faire soigner. Avec peine je parvins à les faire admettre.

J'ai toujours gardé le souvenir de ces grenadiers pleurant comme des enfants tout en me remerciant.

Après ce devoir accompli et avoir pris un repas sommaire je rentrai au poste où j'appris qu'un complot était formé pour reprendre l'hôtel de ville. On se tenait sur ses gardes. Au milieu de la nuit une forte patrouille s'avançait par la rue Lafont, la sentinelle cria : *Qui vive?* Je sortis avec deux hommes pensant que l'attaque allait commencer lorsque le chef me répondit : *Patrouille*. Immédiatement je fis prévenir le poste et criai de tous mes poumons : *N'avancez pas ou je fais feu.* Le chef s'avança seul pour me donner le mot d'ordre. C'était une fausse alerte et aucune attaque n'eut lieu.

Aussi lorsque je me souviens de cette fameuse attaque je ne puis m'empêcher d'en rire.

Pendant ce temps les troupes et les gardes nationaux étaient repoussés jusqu'à Rillieux, nous restions maîtres de la ville, mais quoiqu'embarrassés de notre victoire, nous avions maintenu l'ordre, poussant même la complaisance de monter la garde à la porte des magasins de nos fabricants contre lesquels nous nous étions battus et cela, jusqu'au jour où les troupes, sous le commandement du fameux duc d'Orléans, reprirent possession de la ville.

Après tous ces événements la santé de mon père devenait de plus en plus chancelante et il fut convenu, entre mes sœurs et moi, que nous lui ferions une pension et, qu'avec notre mère, nous continuerions de gérer l'atelier. Mon père ne travaillant plus, il fut encore question de me marier; j'allais céder à l'instance de mes parents mais il était écrit que je n'avais pas encore trouvé la compagne qui m'était destinée. Pour des raisons drôles et que je ne puis véritablement pas dire sans vous offusquer et sans faire rire un peu de moi, je refusai celle à laquelle j'avais déjà fait la cour.

Puis vinrent les journées d'avril 1834 que vous connaissez tous.

Vous pensez bien que malgré l'union qui pouvait se faire parmi les républicains il eut été téméraire de continuer la lutte, aussi l'insurrection fût-elle vite éteinte. Je ne veux plus parler de cette date fatale où le sang de tant de citoyens a coulé. Aujourd'hui l'urne électorale doit remplacer la poudre.

IV

ÉPICERIES COOPÉRATIVES

Lorsque tout fut rentré dans l'ordre, cherchant à améliorer le sort des ouvriers, je fondai, avec un nommé Michel, une épicerie coopérative, montée de la Grande-Côte, puis dans d'autres quartiers, soit au moyen de souscriptions ou de versements et cela sur des bases très larges, suivant la théorie de Charles Fourier, le grand économiste : *Travail, Capital, Talent.*

De telles idées étaient trop nouvelles alors pour être comprises par la population. il fallut liquider quoique bien convaincu que l'idée ferait un jour son chemin et que la coopérative se réveillerait un jour, mais qu'il fallait le temps voulu.

Mes prévisions ne m'ont pas trompé puisque, en ce moment (1894) où j'écris mes Mémoires, ces sociétés existent partout, dans les plus petits quartiers. Selon moi, elles procèdent mal ; au lieu de partir de notre principe, d'avoir un centre directeur unique, elles ne sont que des petites chapelles égoïstes qui, ainsi organisées, ne pourront jamais arriver à une transformation sérieuse dans le commerce.

V

MON MARIAGE

Très surmené par le travail je tombai gravement malade. C'était en 1837. Mon état de faiblesse était tel que le médecin prévint ma mère que si je restais huit jours de plus avec le tracas de mon métier et le manque de soins qu'exigeait alors ma maladie, il ne répondait pas de moi. Comment faire ? Ma mère était embarrassée lorsque Mme Debelle, veuve du colonel de ce nom, qui était présente, lui proposa de me prendre chez elle et de me donner tous les soins que nécessiterait mon état; ma mère accepta et on me transporta chez elle, place Sathonay.

Madame Debelle, je dois le dire, n'épargna ni veilles, ni fatigues jusqu'à mon entier rétablissement, aussi je revins vite à la santé.

Pendant ma maladie je reçus quelques visites, entre autres, Mlle Marguerite Lassalle, douée d'une intelligence hors ligne et d'une remarquable beauté. Tout le monde la connaît à Lyon, cette femme qu'une maladie de poitrine enleva à l'âge de trente ans. Tous les jeudis, elle recevait hommes de lettres, hommes politiques, avocats, poëtes; j'étais admis à ces réceptions et c'est chez elle que je fis connaissance de Mlle Marie Chêne, sa sœur, qui devint plus tard ma femme. J'avais alors vingt huit ans. Quoique n'ayant aucun état, je dois vous dire, à sa louange, qu'elle se mit vite au courant de mon métier et que je fus un homme très heureux, dans toute l'acceptation du mot.

Le 7 octobre 1840, j'eus le malheur de perdre mon père.

En 1841, je devins père d'une fille, sa naissance tint ma femme longtemps malade. Enfin, en 1842, j'eus un fils.

VI

MADAME FLORA TRISTAN

En 1844, je reçus la visite de Mme Flora Tristan, créole, femme de lettres, auteur de différents ouvrages sur la prostitution et l'émancipation de la femme.

Après avoir parcouru le monde entier, Mme Flora Tristan était venue à Paris pour se mettre en rapport avec les chefs de Fourier, elle leur fit part du projet qu'elle avait de fonder en France *l'Union des Travailleurs*, pour mettre fin aux luttes entre les diverses corporations. Elle fit même paraître une brochure intitulée : *L'Union ouvrière.*

Une fois son projet lancé, elle crut devoir commencer son apostolat dans la seconde ville de France, le centre du travail, Lyon. Elle s'adresse à Victor Considérant, chef de l'école de Fourier, qui compte dans notre ville de nombreux adhérents et lui demanda de lui désigner un ouvrier intelligent et dévoué pour la seconder dans son œuvre. C'est ainsi que porteur d'une lettre de recommandation elle vint à moi. Je n'hésitai pas à lui prêter mon concours. Je la mis en relation avec nos sociétés de compagnonnage, la présentai aux Maires de chaque arrondissement, lui procurai tous les ouvrages sur l'agriculture, la menuiserie, la brochure du père Moreau, celle sur l'organisation du compagnonnage de M. Gonet, père des forgerons, qui tous traitaient de l'amélioration du sort des travailleurs. Elle comprit de suite tout le fruit qu'elle pouvait tirer de ces ouvrages.

Nous nous mîmes en mesure d'organiser des réunions afin d'exposer ses idées ; je l'ai aidé de tout mon pouvoir et avec un grand dévouement, aussi m'estimait elle beaucoup.

Son séjour à Lyon fut un succès et tous les jours le nombre des adhérents augmentait. Elle avait l'intention de parcourir la France entière ; malheureusement la mort vint frapper à Bordeaux, sa deuxième étape, cette femme qui toute sa vie s'était entièrement dévouée à l'amélioration de la classe ouvrière. Je l'ai toujours regrettée.

VII

JE SUIS SORCIER

En 1846, je possédais une petite campagne que les parents de ma femme habitaient. L'hiver on se réunissait pendant les veillées. Je me faisais passer pour sorcier aux yeux des paysans.

Un jour, ou plutôt un soir, le fils d'une ferme voisine de notre habitation qui élevait des porcs et en faisait même le commerce en grand, vint me trouver et me demanda si j'avais le don de les guérir car il en perdait, disait-il, un tous les jours. Je lui répondis : ma foi oui. Je fus avec lui, fis laver l'écurie qui était dans un état de malpropreté repoussante et lui recommandai de me faire rougir des barres de fer puis de me donner du vinaigre et tout en lui recommandant de ne pas écouter,ni regarder par le trou de la serrure, quoique bien certain qu'il ferait le contraire, je m'enfermai dans l'écurie, je jetai le vinaigre sur les barres de fer. Entouré d'une épaisse fumée, comme vous le pensez, je me mis à faire des invocations, des gestes désordonnés pour frapper soit leur vue, soit leur imagination. Puis je fis mettre de la paille fraîche dans l'écurie tout en recommandant quelques mesures d'hygiène. Je recommandai de séparer les porcs déjà atteints, je mis quelques plantes aromatiques dans leur manger. L'effet se produisit comme je l'espérais; à partir de ce jour, il ne perdit pas un seul animal. Il n'en fallut pas davantage pour passer pour sorcier.

Un autre jour, le fils d'un autre fermier vint me voir pour que je lui fasse trouver le voleur de sa montre. J'essayai d'un truc que j'avais lu dans un livre et que voici : Je pris une poule noire que j'enduisis de noir de fumée, je plaçai la poule dans un panier, les pattes attachées, puis je fis venir tout le personnel de la ferme et leur dit : Vous allez, les uns après les autres, passer la main sur le dos de la poule, si le voleur est parmi vous, elle criera. Tous les gens de la ferme s'exécutèrent. Lorsque tout le monde y eut passé, les faisant mettre en ligne devant moi, je les forçai de jurer que ce n'était pas eux, ils levèrent tous leurs mains toutes noires de noir de fumée sauf un qui s'était imaginé avoir entendu crier la poule quoique ayant fait semblant de passer la main comme les autres. Voilà comment je découvris mon voleur.

— C'est toi qui a pris la montre, lui dis je. Il chercha bien à nier, mais pressé de questions, il finit par avouer en me suppliant de ne pas le perdre. – Va la mettre dans tel coin, lui dis-je doucement à l'oreille. Pendant ce temps je cherchai un tour de cartes et, tout le monde réuni, je prouvai que les cartes m'indiquaient que c'était le fils de la maison qui l'avait laissé tomber dans le foin en allant chercher la nourriture des chevaux. En effet, on la trouva où c'était convenu avec le voleur.

Ce garçon me demanda grâce en me jurant qu'il ne recommencerait pas, il tint parole et il resta longtemps encore à la ferme, ce qui prouve qu'une première faute peut toujours se corriger. Voilà comment j'étais sorcier.

VIII

COMMENT J'AI FAILLI ÊTRE DÉCORÉ

Tout ce que je viens de vous raconter est un passe-temps de campagne. Je reprends mon récit.

En 1851, je fis connaissance d'un nommé Vianat qui prétendait avoir trouvé une mécanique plus avantageuse que la Jacquard et pouvant faire toutes les étoffes sans cartons. Belles paroles mais pas d'exécution. Las de chercher il vint me trouver en me montrant sa découverte. Après l'avoir examinée, je reconnus, en effet, qu'avec de l'intelligence on pouvait en tirer parti ; je lui proposai cinq francs par jour à condition de me laisser conduire l'entreprise à ma guise.

Pendant un an j'ai cherché et je suis arrivé à un heureux résultat, mais pour mettre à profit cette découverte il fallait des fonds ; des amis me vinrent en aide de leur bourse comme associés. Je louai une chambre à la Croix-Rousse et seul avec ma femme nous avons organisé ce métier. Quoique la mécanique fut d'un petit modèle, je parvins à tisser différents sujets.

Heureux et fier de mon succès, j'invitai M. Cabias, alors maire du IVe arrondissement, à me rendre visite, ce qu'il fit. Le jour de sa visite je le priai d'écrire son nom sur un papier et en vingt minutes, j'ai tissé son nom sur l'étoffe, à son grand ébahissement.

Tellement émerveillé, il me dit : « — L'empereur doit « passer sous peu à Lyon avant de se rendre à Marseille, « un certain nombre de croix seront données, parmi les- « quelles, une au tisseur le plus méritant, je lui présenterai « votre travail, le reste me regarde. »

Heureux de cette promesse, je me mis à tisser sur soie mesurant cinquante centimètres un aigle, entre deux branches de laurier, surmonté de trois étoiles. Au bas on lisait le nom du maire, celui du ministre actuellement en fonctions et celui de mes associés, avec cette dédicace :

A S. A. I. Louis Napoléon Bonaparte, élu par 7.500.000 suffrages. Et je remis ce travail au Maire (1).

Hélas! Comme j'étais républicain militant, mon chef d'œuvre fut escamoté et le ruban rouge alla se percher sur la poitrine d'un chef prud'homme, ardent impérialiste, et M. Cabias ne put, en fait de décoration, que me faire part de ses vifs regrets.

Après plusieurs essais plus satisfaisants les uns que les autres je me décidai à prendre un brevet d'invention. En voici la teneur :

« Dépôt à l'effet d'obtenir un brevet pour un procédé « propre à fabriquer et reproduire sur étoffe toutes sortes « d'objets, tels que : nom de famille, fleurs, oiseaux, mo- « numents, inscriptions funèbres, le tout par le moyen « d'une machine Jacquard modifiée, sans mise en carte, « sans lisage, par le seul moyen d'une planche et des « caractères reproduisant instantanément les objets de- « mandés. Ce dépôt est fait par l'inventeur le 17 septembre « 1852, J. Reynier, rue Confort, 17. »

---

(1) Je tiens beaucoup à l'exemplaire de ce travail que j'ai toujours conservé avec orgueil.

Je reconnus que ma mécanique ne pouvait détrôner la Jacquard. Il aurait fallu établir un grand modèle, malheureusement l'essentiel me manquait : l'argent. Je me bornai donc à reproduire divers sujets et en fis don à mes amis et fabricants qui, eux-mêmes, n'ont jamais pu comprendre par quel procédé j'avais obtenu ces résultats.

IX

LA GÈNE COMMENCE

Nous étions en 1859. Depuis 60 ans nous habitions, de père en fils, un appartement rue Confort, 17, lorsque je fus obligé de le quitter par suite de démolition pour l'élargissement de la rue Impériale aujourd'hui rue de la République; je vins demeurer montée de la Grande-Côte, 59, où je demeure encore actuellement. J'avais alors neuf métiers, je dus en réduire le nombre et n'en conservai que quatre ; ce fut déjà une grande perte pour moi.

En 1860, je m'associai avec un nommé Bresson, qui prétendait avoir trouvé un réchaud économique au moyen de l'huile épurée, J'engageai une partie de mon avoir. Le procédé était loin de répondre aux espérances, il fallait sans cesse de nouvelles modifications. Si nous avions pu fabriquer en grand, en baisser les prix, cela aurait été d'un plus grand rapport, nous avions besoin de fonds et nous ne les trouvions pas (c'est, du reste, le sort de tous les inventeurs en France).

Plus tard, un nommé Martin, tisseur, vint me voir et me dit qu'il avait trouvé le moyen de remplacer les cartons des métiers et de rendre la pression mécanique tellement douce que l'usure des aiguilles serait presque nulle.

il me proposa de tenter l'expérience comme associé, j'acceptai et me mis en devoir d'organiser une mécanique. J'en avais justement une qui avait besoin d'être regarnie, c'est celle qui me servit. Une fois prête je me mis au battant. Je pouvais faire dix mètres par jour et j'en ai tissé cinq cents mètres tout en ne changeant que deux fois les aiguilles et mon dessin en papier n'était pas même percé.

M. Chevassieux, qui me donnait de l'ouvrage, me proposa une association pour exploiter mon idée.

Nous avions disposé une vingtaine de métiers lorsque, malgré ces résultats satisfaisants, l'affaire en resta là. Encore une perte pour moi, qui jointe à celle que je fis plus tard, me mettait dans un grand embarras.

Pour comble de malheur, en 1869, ma fille dut quitter le métier par suite d'une foulure ; elle se fit couturière. C'est alors qu'elle fut demandée en mariage par le fils Verrier, propriétaire, avec sa mère et ses sœurs, du théâtre Joli, dit Crèche, rue Sainte-Marie-des-Terreaux, où il existe encore.

A cette époque, voici quelle était notre situation : des dettes et pas de travail, situation qui a durée jusqu'en 1870.

Pendant cette guerre fatale, quoique déjà âgé, je remplaçais les gardes nationaux dans les postes ; avec ma femme nous faisions des sacs pour nos légions, ce qui nous permettait de vivre, oh ! bien petitement, mais enfin nous vivions.

Après la guerre le travail reprit, nous nous mîmes, ma femme et moi, courageusement à l'ouvrage. Vieux et endettés, nous ne nous laissâmes pas abattre par l'adversité, nous pûmes, petit à petit, satisfaire nos créanciers.

Le travail battit ensuite son plein, j'associai mon fils avec nous, ce qui lui a permis de se créer un avenir et de faire des économies. Cela dura jusqu'en 1874, époque où il se maria avec une jeune femme qui n'était pas du métier. Il quitta la maison, pour avoir son chez lui, nous laissant seuls.

Pour remédier à cet état de choses, nous avons fondé une association dans laquelle entra une de nos cousines. Mais peu de temps après, je vis que nous ne pouvions marcher dans ces conditions, nous nous séparâmes.

Un beau matin, je reçus la visite d'un Monsieur bien mis qui me cherchait depuis deux mois, il m'apportait une lettre cachetée venant, disait il, d'une dame morte récemment à l'étranger. Je l'ouvris et j'y trouvai deux billets de cent francs avec ces mots : « Monsieur, acceptez ces deux cents francs à titre de bons souvenirs. »

Pas de signature.

J'ai bien cherché longtemps, je me suis creusé la tète, comme on dit, jamais je n'ai pu trouver cette généreuse donatrice. J'ai toujours pensé que c'était peut-être une personne que j'avais obligée dans le temps de prospérité qui m'envoyait cette somme.

J'arrive à la fin de mon chapitre, comme vous le voyez, je n'ai guère eu de chance dans mes associations ou mes inventions. Bien des ennuis, bien des revers, mais toujours soutenu par mes principes, je peux dire hautement aujourd'hui, qu'à défaut de fortune, je laisse un nom sans tache et fier de l'estime de tous ceux qui m'ont connu.

DEUXIÈME PARTIE

I

SAINT-SIMONISME — FOURIÉRISME (1)

Vous n'ignorez pas qu'au commencement de notre siècle en même temps que Saint-Simon, un autre réformateur, avait eu, lui aussi, un projet de réforme sociale, mais il n'avait pu se faire entendre ni se faire écouter, les esprits étaient préoccupés des idées Saint-Simoniennes. Il expliquait toutes les branches de l'activité humaine, les erreurs du genre humain, ses passions.

Voici ce qu'il voulait ;

Sur un terrain, au lieu de deux cents maisons disséminées, il plaçait au centre un seul édifice. Cet édifice comprendrait : habitations d'un seul tènement, école, bibliothèque, lavoir, etc., le tout, public.

La commune serait agricole et industrielle, tous les habitants seraient associés, chacun retirerait proportionnellement son salaire, c'est ce qu'il appelle le *phalanstère*, et qu'on a appelé : *son utopie*.

Cependant, ce qu'on ne lui conteste pas, c'est d'avoir passé au creuset tous les vices de notre organisation et d'en avoir prédit les conséquences.

---

(1) Le dictionnaire de l'Académie écrit Fourier avec deux *r* et la théorie de Fourier (1822) ne comporte qu'un *r*.

Larousse écrit, page 672, Fourier François-Marie-Charles, né à Besançon, le 7 avril 1772. — Lequel croire ? J'écrirai avec un *r*.

Le commerce est une féodalité financière et la ruine du petit commerce, dit-il ; de même par le déboisement des montagnes les vents n'étant plus dirigés dans leurs courses vagabondes, nous aurons nos cyclones ; la pluie ne s'infiltrant plus dans le sol, nous aurons nos inondations et par suite la perturbation dans la température, etc., etc. D'après ces doctrines, un grand nombre de Saint-Simoniens en devinrent les adhérents ayant comme solution l'accord (1) du travail, du capital et du talent.

Son système est en outre basé sur l'essor des passions, il les divise en douze, dont cinq sensitives : le *goût*, *l'odorat*, la *vue*, *l'ouïe* et le *toucher ; amitié*, *amour*, *ambition*, *famillisme* : et trois distributives : *cabalistique*, *papillonne*, *composite* (2).

Un groupe important de fouriéristes se forma à Lyon (je fus un des premiers), il s'en forma aussi dans diverses villes, Paris en était le centre.

Le groupe de Lyon était ainsi composé : en tête, le docteur Barrier, chirurgien en chef de l'Hôtel-Dieu : le docteur Imbert, de la Charité ; les avocats Morillet et Jules Juif ; Saint-Grillet, négociant ; un officier d'artillerie, etc., etc.

Chaque mois un banquet nous réunissait, il en était de même pour l'anniversaire de la naissance ou de la mort de Fourier.

Le but de notre Société était de fonder le commerce par association ; un essai fut même tenté, mais la Société s'écroula dès sa naissance.

En 1846, se forma à Lyon une autre Société, d'après les

---

(1) L'accord, réunion des idées ou des cœurs sur un même point.

(2) Architecture qui appartient à un ordre composé de plusieurs ordres, mais ici ce n'est pas le cas, il faut suivre ce que dit Fourier dans sa théorie au bas de la page 434.

idées fouriéristes, pour fonder au Brésil une colonie sociétaire dont le président, qui connaissait mes influences sur le peuple ouvrier, me proposa de faire partie ; j'acceptai, et avec l'aide du docteur Arnaud, qui avait obtenu du gouvernement une concession dans ce pays, nous formâmes un groupe d'émigrants. Tous les dimanches, au local, rue Tupin, je fis des conférences.

Lorsque le nombre des adhérents fut assez grand, nous les réunîmes en un banquet fraternel pour y décider les préparatifs du départ et rejoindre le groupe qui avait commencé à se former à Paris depuis 1842.

Lorsque tout fut prêt et que l'ordre de départ arriva, nous réunîmes notre groupe, composé de 75 personnes. Hommes, femmes, enfants, tout le monde avait apporté à la caisse toutes ses ressources, et elle avait 5.650 francs, que nous réservions soit pour le voyage, soit pour les outils nécessaires pour son installation.

Au moment de se mettre en route, l'administration fit quelques difficultés pour la délivrance des passeports, lorsque le docteur Arnaud les fit distribuer, grâce aux démarches d'un de ses amis.

Quoique malade, j'accompagnai en voiture nos émigrants jusqu'à Paris, où des amis nous attendaient.

Les badauds, en voyant défiler un si grand nombre de voitures, se demandaient quel était le haut personnage qui arrivait avec sa suite ; ce n'était que moi.

Le lendemain matin, je fis à tout le monde mes adieux en leur souhaitant bon voyage, leur promettant de les rejoindre bientôt.

Arrivés à Dunkerque, ils prirent le *Curieux*, petit brick allant à la Virginie et affrété spécialement pour eux.

Je revins à Lyon continuer ma propagande et je réunis même en très peu de temps de nouveaux adhérents.

Nous attendions avec impatience des nouvelles de nos émigrants pour faire partir le troisième groupe qui était prêt. J'avais composé à leur intention un recueil de chansons ; en voici un échantillon :

L'APPEL AU PEUPLE

PREMIER COUPLET

Les temps de deuil sont accomplis,
Que tout s'apprête
Pour les nouveaux destins prédits
Par le Prophète.
Salut, règne trois fois heureux
De l'harmonie,
Flotte aux vents, drapeau glorieux
De la série.

REFRAIN

Adieu, vieux monde et ton chaos,
Et ta misère et tes cachots.
Adieu, vieux monde
Fondons l'ère de liberté
Et d'harmonie,
Créons pour tout déshérité
Une patrie.

DEUXIÈME COUPLET

Nos bras sont forts, nos cœurs sont chauds,
Nos lois sont prêtes ;
Pour nous, les plus rudes travaux
Seront des fêtes.
Un nouveau monde nous sourit
Terre promise !
A l'œuvre, frère, Dieu bénit
Notre entreprise.

TROISIÈME COUPLET

Calme tes cris, sèche tes pleurs,
O peuple, espère!
Pour toi, plus d'ingrates sueurs,
Plus de misère;
Sur le produit du travailleur,
Plus de curée,
La juste part de son labeur
Est assurée.

QUATRIÈME COUPLET

A nous la terre, à nous les eaux,
A nous l'espace;
A nous les bois et les métaux,
Le feu, la glace;
Livre-nous tes fruits, tes trésors,
Terre féconde.
Rien ne résiste à nos efforts,
A nous le monde!

Je fis aussi *Le Chant du Départ* et *A la Gloire* (hymnes des travailleurs).

Enfin, nous reçûmes des nouvelles et en même temps une lettre d'Emile Gauché, du groupe parisien. Elle était ainsi conçue :

« Mon cher ami et condisciple Reynier,

« J'ai reçu des nouvelles de la Virginie, mais elles ne « sont pas favorables.

« Le *Curieux*, sur lequel nos amis s'étaient embarqués, « a cru devoir atterrir à Rio-Janeiro pour prendre des « renseignements sur l'état de notre colonie. Des Français « leur dirent : n'allez pas au Palmétar (dénomination de « notre concession), ils ne sont plus qu'une trentaine. Il « y a eu division, il s'est formé deux groupes, nous vous

« engageons à rester ici, où vous trouverez facilement de « l'ouvrage. Ils descendirent tous à Rio, mais ne trouvè- « rent rien. Après bien des privations, ils allèrent chez le « consul français, qui leur fit continuer leur route.

« Arrivés à la Virginie, une nouvelle déception les atten- « dait, M. Hurt, chef du camp, ne voulait pas les recevoir, « et ils ont dû créer un groupe entr'eux. Ils couchent les « uns sous des tentes, d'autres sur la terre, enfin, tant bien « que mal, ils vivent. »

Escoffier, mon condisciple, m'écrivit à la date du 14 juin 1843 :

« Je m'empresse de vous annoncer que nous avons reçu « cinq lettres de Palmétar, entr'autre une signée de tous « les sociétaires qui recommandent de ne pas se presser « à faire partir d'autres groupes à moins qu'ils ne soient « composés que de gens pouvant faire le voyage à leurs « frais et, si cela était possible, dévoués à l'œuvre que nous « poursuivons. Il n'y a pas mal de privations à supporter.

« Toujours en réclamation auprès du gouvernement « pour l'exécution du traité passé avec Murr ; et, à propos « de lui, il y a eu une débâcle générale au Sahy, il n'y « reste plus que quelques personnes. Un grand nombre « d'entr'eux ont été à Montevideo, à Rio, une partie est « passée à l'*Union industrielle* et les fonds de Murr ont été « gaspillés.

« L'*Union* possède 5,000 mètres de terrain défriché, on « y sème du maïs, du riz, des haricots, etc. Elle a fait une « vente de bois de construction et l'acheteur leur a fait « des avances, preuve de confiance.

« L'ordre et l'harmonie règnent en ce moment au Pal- « métar ; ils disent avoir beaucoup de peine mais ils sont « soutenus par la foi qu'ils ont de la réussite de l'œuvre.

« Nicolas Lyonnais dit qu'il est heureux, il a construit « une petite péniche et doit mettre en construction un « bâtiment d'une plus grande importance.

« Malgré ces renseignements, ne pouvant compter sur « la loyauté de M. Murr et malgré nos efforts, l'œuvre n'a « guère chance de réussite, aussi avons-nous décidé de « procéder à la dissolution. »

Inutile d'ajouter que pour cette cause encore, j'avais donné mon temps, mon argent et mon dévouement entier.

Les principes de Fourier sont bons et je le dis avec lui : La paix sociale ne saurait exister sans l'accord du *travail*, du *capital* et du *talent*. Ces trois facteurs de toutes productions. L'intelligence crée le capital ; associés c'est le bien être, mais si le capital écrase le travail, c'est la guerre éternelle au sein de l'humanité.

TROISIÈME PARTIE

I

PRESTIDIGITATION

Tout jeune, je fus porté vers le merveilleux, cela s'explique, ayant été tenu jusqu'à vingt ans sur les genoux de l'Eglise.

Diable, Enfer, Mystères, tout frappait mon imagination.

A l'insu de mes parents, je me procurai tous les ouvrages cabalistiques, tels que : *Le Petit Albert, la Poule noire, le Dragon rouge, la Magie noire et la blanche dévoilée, les Secrets de la Nature, etc.* Je suivais à cette époque, tous les mouvements des escamoteurs qui opéraient sur nos places publiques, cherchant à deviner les tours qu'ils faisaient pour les essayer ensuite. J'en fis un recueil assez bon des principaux.

Ce qui fit surtout ma force, c'était de suivre les séances du célèbre Cautrus dans le passage de l'Argue. Je fis si bien que je devins même son ami, ce qui me permit de voir certains trucs que je ne connaissais pas, mais que sa fille me montra avec complaisance, et grâce à elle, j'appris le jeu du gobelet, de la gibecière et de la muscade.

Mes appareils quoique primitifs étaient tous en carton, et avec eux je devins même assez fort pour donner à mon tour quelques séances de famille pour me lancer ensuite dans les fêtes de bienfaisance où je fis même quelques créations dans ce genre.

Plus tard je me mis en rapport avec les prestidigitateurs les plus en renom, Robert-Houdin, Levieux, Bosco, Rappaleski et Aldo, ce qui me permit de rendre service à ce dernier.

Aldo voulait bien se rendre acquéreur d'un jeu hydraulique d'un valeur de 1,200 francs, mais il n'avait pas un sou vaillant, il était très ennuyé. En me confiant son désir et l'impossibilité matérielle de l'accomplir, il me vint une idée lumineuse. — Vous allez, lui dis-je, faire afficher que pour remercier le public lyonnais de son bon accueil et des sympathies que vous avez trouvées, vous allez donner encore trois représentations dans lesquelles vous exécuterez un tour nouveau et que 300 verres de bière sortiront d'un chapeau et seront distribués aux spectateurs.

C'était bien beau de l'afficher, mais il fallait tenir sa promesse et il ne connaissait pas mon truc.

J'avais établi sous le théâtre une trappe avec un petit ascenseur pour faire monter les bocks.

La première représentation arriva, la salle était comble, le moment décisif était venu, il emprunta un chapeau qu'il mit sur un guéridon dont le pied était creux. Il faut dire que ce chapeau avait été changé et remplacé par un autre sans fond. Par une simple pression, les bocks montaient les uns après les autres dans ce chapeau. J'avais eu soin de les remplir d'avance et un compère faisait marcher l'appareil.

Ce n'était pas malin, mais cependant le public émerveillé battait des mains, ce fut un vrai triomphe.

A la deuxième puis à la troisième représentation on refusait du monde. Aldo gagna l'argent nécessaire pour acheter ce qu'il convoitait depuis longtemps.

Enhardi par le succès que j'avais, et mon imagination aidant, je donnai des séances à Vienne, à Neuville, dans les petits théâtres de société.

L'hiver, je faisais des intermèdes de prestidigitation.

En 1856, à la loge Bienfaisance-Amitié, à la Croix-Rousse, j'organisai une représentation au bénéfice des inondés.

En 1862 et 1863, vint la grève des ouvriers cotonniers et la bienfaisance lyonnaise fut mise à contribution. J'organisai une soirée de gala sous le patronage maçonnique avec le gracieux concours de Mme Labat, du Grand-Théâtre, Renard, Luigini père, Feret, Seiglet et la musique du 37e sous la direction de M. Guerra; j'y fis jouer deux vaudevilles par ma troupe d'amateurs et je fis un intermède de prestidigitation.

Pour grossir les recettes je donnai en même temps dans les familles quelques séances dont le produit fut versé entre les mains du Maire de Lyon. Je ramassai ainsi 1,400 francs.

On venait me chercher aussi pour les œuvres de bienfaisance, jamais je n'ai refusé, pas même aux Sœurs de la Croix-Rousse, quoique mes opinions personnelles aient toujours été en contradiction avec les leurs. Je me faisais payer, il est vrai.

II

THÉATRE

Dès mon bas âge j'étais porté au théâtre, aux crèches, ombres chinoises, polichinelle, lanterne magique, mais, ce que j'ai toujours aimé c'est mon théâtre.

Les soldats du camp Sathonay m'ont vu à l'œuvre avec ma petite phalange d'artistes.

J'y avais fondé un théâtre ; pendant 6 mois, tous les samedis je donnais des représentations avec le concours de la musique militaire mise à notre disposition.

Un jour l'abbé Faivre, aumônier du corps à cette époque, me demanda comme programme : *L'Aumônier du Régiment*, qui fut parfaitement interprété au grand contentement des officiers formant l'état-major du camp.

A la suite d'une chute que je fis au théâtre, je dus garder la chambre, j'en profitai pour écrire une pièce de théâtre : *La Carotte ou le Spirite converti*.

En 1864, lorsque la liberté des théâtres fut décrétée, je conçus l'idée d'avoir une salle à moi, sur la scène de laquelle toute pièce un peu leste serait exclue. Je jetai les yeux sur la coquette salle du quai Saint-Antoine, n° 30, où, sous le titre de *Cercle des familles*, j'ai créé une œuvre d'encouragement à l'art dramatique. Le public ayant fait bon accueil à notre nouvelle entreprise, la presse s'occupa un peu de nous pour faire notre éloge. Tout marcha bien pendant quelque temps.

C'est là que je fis la connaissance de Velle, prestidigitateur qui, ayant congédié son régisseur, me fit l'offre de l'accompagner à Marseille où il se rendait pour donner quelques représentations. J'hésitai un peu, mais entraîné par l'appât du gain, je partis laissant à mon théâtre un bon régisseur.

Je fus enchanté de mon voyage, mais mon retour ne fut pas gai, je mangeai de l'argent au Cercle des familles, la location était trop élevée et comme j'étais à fin de bail, je résolus de résilier sur le refus du propriétaire de me diminuer.

Ce que je payais à l'époque 4,500 francs, fut laissé à 2,000 francs, et c'est là que M. Morel put faire jouer : *La fille Angot.*

Après tous ces déboires, je me retirai tout-à-fait du théâtre, où je m'étais consacré pendant près d'un demi siècle. Avant de le quitter je mis au monde une pièce intitulée : *Les Francs-Maçons*, qui fut jouée pour la première fois aux Célestins au bénéfice d'un vieil ami, le père Célicourt et où il jouait les principaux rôles.

J'écrivis encore : *La France*, pièce en vers divisée en trois époques.

1re époque : *La Libération du territoire.*

2me époque : *L'Ordre moral.*

3me époque : *Triomphe de la République.* Epoque dans laquelle la France, la République, le Génie et la Paix sont en guerre avec la royauté et l'homme noir.

Cette pièce fut jouée à la Loge Bienfaisance-Amitié en 1896.

III

MUSIQUE

La prestidigitation, le spiritisme, le théâtre, etc., tout cela est bien joli, mais il faut y ajouter la gaieté et ce qui la donne, c'est la musique.

Avec toutes mes idées d'artiste, je sentais qu'il manquait encore une corde à mon arc, je veux parler de la musique.

Je jouais bien des airs sur mon flageolet, mais c'était par routine et cela n'était pas suffisant.

La musique me paraissait bien difficile à connaître, il est vrai qu'on ne l'apprend pas comme une pièce de comédie.

J'étais en relation avec le fils Fageot qui à ses moments de loisirs avais appris la méthode « Gallin, Paris, Chevé », et auquel vint l'idée d'ouvrir un cours gratuit; vous pensez bien que je ne manquai pas d'y aller, je suivis ses leçons très assidûment et au bout de quelque temps, satisfait des résultats que j'avais obtenu, je voulus à mon tour ouvrir un cours.

Je ne connaissais pas la musique comme les compositeurs de l'époque, non, je n'ai pas cette prétention, mais enfin je pensais en savoir assez pour l'apprendre aux autres.

Je réunis donc à cet effet une vingtaine d'enfants des deux sexes et chez moi, dans mon atelier, je leur donnai les premières notions.

Après 60 leçons, je voulus produire en public mes jeunes élèves, et dans un petit concert que donnait un ami, j'intercalai un morceau chanté par ma nièce âgée de 13 ans et un jeune garçon du même âge, que les parents destinait à la prêtrise et qu'entre parenthèse, il lâcha pour suivre cette carrière d'artiste, où il devint fort tenor, après avoir débuté dans notre ville.

Ils s'acquittèrent tellement bien de leur tâche que quelques spectateurs disaient que je leur avait rabâché les airs pendant des mois, mais la conviction a été complète lorsque je pris dans un carton et au hasard, un morceau qu'ils déchiffrèrent à première vue.

Ce bon résultat me donna l'idée de vulgariser cette science. Je fis un cours gratuit et produisis encore une fois mes sujets dans une soirée dans la galerie de l'Argue. Mais M. X.... vint mettre des bâtons dans les roues, prétendant que c'était une concurrence contre lui qui venait faire ses cours de Paris au prix de 100 francs, tandis que les faisais gratuitement. Il ne pouvait comprendre que moi, ouvrier sans instruction, je voulus me permettre d'enseigner la musique simplement pour faciliter aux élèves l'étude d'une romance ou d'un simple morceau.

Je résolus alors d'ouvrir un cours payant comme lui, mais beaucoup plus simple, et j'ai écrit un traité élémentaire de musique, dépouillé des formules scientifiques qui en rendent l'étude difficile, et ce n'est pas sans peine que je pus l'achever.

Je fis une demande à la Préfecture pour ouvrir mon cours et je reçus une réponse favorable, j'avais préparé pour les journaux, un article dans lequel je traçai ma ligne de conduite et les conditions d'admission à mon cours, mais, hélas, ce surmenage bien au-dessus de mes forces me fit tomber malade et je dus tout abondonner.

Maintenant ma consolation est de composer quelques airs de danse sur ma flûte pour ne pas laisser complètement de côté ma chère musique qui a toujours été pour moi un dérivatif à mes multiples occupations.

QUATRIÈME PARTIE

MUTUELLISME ET SOCIÉTÉ CIVILE

La Société mutuelliste fut fondée en 1828, dans un but philanthropique, par les chefs d'ateliers de soierie.

Elle fut grandement organisée.

Elle était divisée par loges (1) ou sections et comptait alors 2,800 membres.

En 1833, elle accepta dans son sein les célibataires.

A cette époque, les Mutuellistes se répartirent en autant de catégories que de genres de fabrication, ayant chacune à leur tête un syndicat chargé de fixer le prix des salaires.

Après les événements de novembre 1831, la Société fonda un journal : *l'Echo de la fabrique*, ne devant traiter que les questions industrielles et littéraires, mais à partir de 1832 il tomba dans le domaine politique où la Société puisait dans celle des *Droits de l'homme* certaines idées républicaines.

La création d'un conseil exécutif de trente-trois membres contribua beaucoup aux graves désordres qui survin-

---

(1) Ne pas les confondre avec les loges de la Franc-Maçonnerie.

Voilà ce qu'en dit Larousse, page 737 :

La Société était, à l'origine, purement industrielle et n'avait d'autre but que l'Union.

Voici un extrait des statuts originaires d'un style naïf et touchant :

Equité, ordre, fraternité, indication, secours et assistance.

rent alors. L'influence de la Société des Droits de l'homme l'entraîna dans le mouvement insurrectionnel qui se préparait alors en France, et, de ce fait, elle y prit une part active contre le pouvoir bourgeois de Louis-Philippe que nous avons eu la honte de subir pendant dix-huit ans.

Néanmoins le *Mutuellisme* s'est reformé quelque temps après sur les bases de la Franc-Maçonnerie.

Vingt membres formaient un atelier ; les présidents de vingt ateliers formaient une fabrique, et les vingt chefs des fabriques formaient le conseil supérieur, appelé des Patrons ou Loge centrale, qui fut plus tard remplacé par un conseil exécutif élu directement.

Tous les membres avaient, pour se reconnaître, signes, mots et attouchements, ainsi que des rubans bleus, blancs, verts ou pailles, suivant les grades ; ils les portaient en sautoir. Sur les livres, les noms étaient remplacés par des chiffres.

Nul ne connaissait d'avance le jour, ni le lieu de la réunion ; le chef d'atelier convoquait tous les membres dans un endroit public, et, tout en se promenant, désignait à chacun le lieu de la réunion où on devait se rendre isolément afin de tromper toute surveillance de la police.

Rien ne laissait à désirer dans cette association, où on y trouvait même un tribunal pour régler les différends.

Ce n'est environ qu'un an après mon mariage (1840) que je demandai d'être admis dans cette Société et, de grade en grade je fus élu Patron.

Pendant ma longue carrière je n'ai poursuivi qu'un but dans l'ordre d'idée de l'association, c'est-à-dire, mettre tous nos efforts au maintien des salaires, tirer parti de tous les avantages qui peuvent découler de tous nos efforts réunis. Aussi je revois avec plaisir le succès obtenu par vingt-huit tisseurs anglais qui parvinrent, avec de grands efforts, à réunir 700 francs et qui, au bout de six ans seulement, étaient six mille, possédant un capital de 2,499,725 francs et un bénéfice net de près d'un million.

Me basant sur ces chiffres, je soumis à mon atelier, en 1847, un projet pour être soumis hiérarchiquement au banc des Patrons. En voici la teneur :

Que voulons-nous ? Que faisons-nous ?

Telle est la demande que nous nous posons chaque jour et à laquelle je vais répondre, nul n'y ayant songé jusqu'à aujourd'hui.

Nous désirons tous une amélioration et un avenir moins sombre pour nos enfants ; quant à vous dire par quel moyen, nul n'en peut encore tracer la marche. Devons-nous rester dans cette coupable inertie ? Faut-il attendre que, par trop miné par la misère, nous n'ayons plus la force d'agir ; interrogeons le passé, observons le présent, pénétrons l'avenir et voyons si, par l'effet de la concurrence, dans une période de temps plus ou moins longue, nous ne verrons pas une partie de nos travaux portés dans les campagnes et, naturellement, fermer une partie de nos ateliers.

Un avenir sombre nous menace, une vieillesse sans garantie nous attend et nos enfants dans l'impossibilité de se créer une position ; tel est le sort qui nous attend si nous n'avons pas la ferme volonté d'y porter remède... C'est donc sur ce sujet que nous venons vous apporter un projet et appeler sur lui toute votre attention. Vous en faire l'exposé, n'est pas ici le moment, mais ce que nous demandons c'est de vouloir bien le porter à la connaissance du banc suprême. Ce projet qui vous sera remis parait pouvoir réaliser les améliorations désirées.

Signature en chiffres.

Mon projet ayant été adopté en principe, en voici le texte que je leur adressai peu après :

Étant donné deux mille associés, fonder, non une maison de commerce, comme paraissent le désirer quelques-uns de nous, mais des magasins d'ustensiles, où on trouverait des monteurs de métiers, des tordeuses, des ouvriers pour peignes, navettes, et, en un mot, tout ce qui se rattache à la fabrique.

Nous en serions des clients assurés et les employés de ce magasin toucheraient, outre leurs salaires, une part proportionnelle dans les bénéfices. Créer enfin :

1° Un bureau d'indications, tant pour les ouvriers que pour les patrons ;

2° Aider aux premiers besoins de l'enfance ;

3° Secours aux invalides du travail ;

4° Garantie contre le chômage ;

5° Retraite assurée pour nos vieillards.

Ce projet qui paraît irréalisable de prime abord, ne l'est pas à notre point de vue *si nous le voulons bien.*

Chaque membre devra verser la première année cinq francs en souscrivant et cinq francs le semestre suivant, soit dix francs ; la deuxième année, trois francs par semestre, soit six francs, et enfin la troisième année, deux francs par semestre, soit quatre francs.

Si je porte à 4.000 le nombre des adhérents, je trouve :

Pour la première année, un encaisse de.....	40.000 fr.
Pour la deuxième année..................	24.000
Pour la troisième année..................	16.000
	80.000
Revenus pendant trois ans.........	14.040
et si on admet le produit de quelques concerts pendant trois ans..................	6.000
on peut arriver au total de..............	100.040 fr.

Mais le moyen qui me paraîtrait le plus avantageux sans bourse déliée, le voici :

N'ayant pas réussi dans notre tentative de coopération en 1835, on pourrait peut-être s'entendre avec des fournisseurs de tous genres, auxquels nous donnerions notre clientèle moyennant une remise de tant pour cent. Par ce moyen, nous aurions les avantages de la coopérative sans en avoir les inconvénients.

Si nous y ajoutons les bénéfices de nos magasins industriels, nous arriverons à un résultat plus que satisfaisant.

Jetons les yeux sur quelques calculs approximatifs :

Quatre mille ménages consomment en moyenne vingt bennes de charbon avec remise de 25 centimes par benne ou 5 francs par ménage, d'où il résulte un bénéfice de 20,000 francs par an. Ajoutez à cela le boulanger, le vigneron, le tailleur, etc., il n'y aurait rien d'exagéré en fixant une réalisation d'un million au bout de cinq ans, en y comprenant nos cotisations et nos caisses.

Ceci admis, nous pourrions déjà avec cette somme de 100,000 francs de revenu pensionner :

Soixante vieillards à raison de 600 francs..	36.000 fr.
Payer les trois premiers mois de nourrice à deux cents enfants..........................	12.000
Pour les nécessiteux pendant les chômages	42.000
Pour fondations nouvelles et imprévues...	10.000
Somme égale (1)........	100,000 fr.

Si vous admettez ces résultats en cinq ans, calculez sur dix ou vingt ans.

(1) J'aurais aujourd'hui bien des modifications à faire sur ce travail, mais je le donne tel que je l'ai présenté à cette époque (1847).

En conséquence, avec la Commission que vous nommerez, nous établirons les bases de l'association et y apporterons les modifications utiles pour pouvoir les mettre en pratique.

Voici donc ce que j'ai trouvé de mieux.

Le n° 16 de l'atelier : Le Bienfaisant.

Cette combinaison exigeait *le bon vouloir et la ferme volonté* pour aboutir. Un commencement d'exécution eut lieu sur les charbons et nous avions obtenu de ce chef 30 centimes par benne; c'était encourageant.

J'avais compté sans les rivalités et les jalousies, les politiciens purs ne pouvaient rien admettre de moi, comme socialiste, quoique plus républicain de principes; aussi mes adversaires firent-ils courir le bruit que, dans mon traité avec les marchands de charbons, j'avais encore touché des *pots de vin.*

J'avais déjà, il faut le dire, appris à connaître les hommes et m'étais bien gardé de me mêler de ce traité et la surprise fut grande lorsqu'on apprit que c'étaient trois délégués qui avaient passé le marché.

Vous pensez qu'ils se turent! Non, je faisais du socialisme, j'étais socialiste, il fallait me tuer, du moins moralement. Voici ce qu'ils imaginèrent :

J'avais, comme vous l'avez déjà vu plus haut, fait un essai de colonisation pour le Brésil, ils m'accusèrent alors de faire la *traite des blancs*, ce qui fut soutenu par un misérable qui avait été chassé de la colonie de Rio.

Faisant partie de la Société mutuelliste, je fus traduit, de ce chef, en jugement, sur la foi de deux faux témoins qui prétendaient que j'avais envoyé de nombreuses familles en esclavage.

Mon défenseur demanda trois mois pour fournir des

preuves et me disculper, ce qui me fut accordé malgré celui qui faisait office de procureur général.

Pendant le temps qui s'écoula j'étais bien considéré comme suspect, lorsque je reçus de nos amis de Rio-Janeiro la lettre suivante :

« Monsieur Reynier,

« Les soussignés, membres de la Société l'*Union industrielle*, ont appris avec peine que des bruits calomnieux ont été répandus sur la conduite que vous avez tenue dans ladite Société. Nous seuls, monsieur, croyons être les seuls juges compétents dans cette affaire; aussi c'est avec plaisir que nous envoyons cette protestation pour donner un démenti formel aux misérables qui ont osé porter atteinte à votre honneur et à votre dévouement. De plus, monsieur, comme ce n'est qu'avec des preuves et pièces en mains que l'on peut convaincre les hommes de mauvaise foi, nous joignons, à la présente protestation, les reçus de l'argent qui a été versé par M. Jierkiens, notre trésorier, entre les mains de M. Arnaud, président de la Société ; vous pourrez les joindre à ceux que vous avez, tel que celui du roulage et ceux des membres à qui il a été fait des avances.

« Monsieur, nous désirons que vous donniez toute publicité que vous jugerez convenable dans votre intérêt et pour votre honneur.

« Recevez l'assurance de la haute considération avec laquelle nous avons l'honneur d'être vos tous dévoués compatriotes.

« Jierkiens, Colliat, Francay, Blondeau, Janeton, Lebreton, Juste, Cottiez, Gay, Marie Fourniez, Sauvage, Jierkiens fils, Nicolas Charduat, Villiard, Dantte, Mlles Marguerite et Francine Colliat, etc. »

Muni de ce document, mon défenseur demanda que le Conseil fut réuni, et, dans cette séance, mes calomniateurs, qui avaient pensé qu'il suffisait de la déposition d'un transfuge, furent confondus et la Société rejeta de son sein les quarante membres qui s'étaient compromis envers moi.

Tout cela prouve qu'il est très difficile de faire le bien et il est triste de constater le sentiment de jalousie qu'on rencontre chez les travailleurs contre ceux qui tentent quelque chose pour leur bien-être. Il fallait véritablement aimer le bien pour ne pas se décourager, mais j'ai toujours pris pour devise : *Faire le bien, advienne que pourra.*

Notre Société porta ensuite son objectif sur deux points regardés par ses partisans comme une panacée bien supérieure aux projets présentés par moi, c'était la fondation d'une *maison de commerce* et *d'un hôtel des invalides du travail.*

Tous deux furent par moi combattus, non par esprit d'hostilité, comme quelques-uns le prétendaient, mais parce que je les considérais comme peu pratiques et sans grand résultat.

Mes prévisions se réalisèrent pour la maison de commerce où s'engloutirent, non seulement l'argent des actionnaires, mais encore les 300,000 francs accordés par l'État.

N'aurait-il pas mieux valu accepter ma proposition et fonder, à la place, des magasins d'ustensiles de fabrique où il n'y avait que des bénéfices en perspective.

Quant à l'hôtel des invalides du travail, j'ai eu beau dire ce que pouvait coûter l'entretien de chaque pensionnaire et qu'avec l'énorme somme employée à cette fondation, il serait préférable de donner satisfaction aux vieillards de mourir au milieu des leurs, ce qui est l'idée de la classe ouvrière. Eh bien, non, il s'est trouvé au sein du Conseil municipal une majorité pour adopter le principe de cette fondation et la faire mettre à exécution.

On me dira qu'il existe des vieillards sans famille, mais nous avons pour eux la Charité et Albigny, où ils seraient bien soignés, tandis que cette fondation coûtera cher à la ville sans donner satisfaction à tous les ayants-droits.

La Société mutuelliste avait ressuscité son journal *l'Echo de la fabrique* qui paraissait mensuellement et ne traitait que des séances du Conseil des prud'hommes et de renseignements divers. Je résolus de le transformer en journal hebdomadaire et cautionné, afin de pouvoir traiter les questions sociales. C'était en 1845, le cautionnement était de 12,500 francs, dont 3,000 francs me furent fournis par Victor Considérant, rédacteur de la *Démocratie pacifique* et chef du groupe phalanstérien de Paris, 3,000 francs par le groupe de Lyon, 300 francs par Louis Napoléon (1) et le reste par actions de 100 francs prises dans notre corporation.

Ne pouvant le rédiger moi-même, je pris M. Fabvier, négociant, comme rédacteur. Une dame de Grenoble me fournissait les feuilletons.

Tout marchait bien et rien que dans ma classe nous comptions neuf cents abonnements, lorsqu'en 1846, un an après sa fondation, il fut décidé de le rendre politique et qu'il paraîtrait trois fois par semaine.

Il vécut jusqu'en janvier 1847. Voici comment il tomba :

M. Laforest, notaire et maire, me fit appeler et me fit la proposition de rendre mon journal quotidien à condition de prendre pour rédacteur un jeune écrivain très capable,

---

(1) Sur l'avis de Barginet, avocat.

disait-il, et m'offrait pour cela 12,000 francs. Après avoir pris avis du groupe phalanstérien et du comité mutuelliste de surveillance j'acceptai et louai un local rue Saint-Dominique, mais le jour de rédiger le numéro programme mon jeune écrivain disparut en emportant les 12,000 francs de M. Laforest.

Que faire, il n'y avait plus qu'à liquider. J'en étais là, lorsque je reçus la visite d'un monsieur qui vint me proposer au nom de personnes inconnues, de me fournir les fonds nécessaires pour continuer mon journal.

Pour me mettre en rapport avec ces personnes, il me força à me laisser bander les yeux et conduire dans le lieu de réunion. Sachant que je n'avais rien à craindre, n'étant plus au temps où les gêneurs disparaissaient facilement, j'acceptai.

Il me fit monter en voiture et après une demi-heure de marche me fit monter dans une maison. Laquelle ? Je l'ignore totalement.

Là, se trouvaient réunis une dizaine d'hommes à têtes chauves et à perruques, puis quelques dames. Une d'elles me parla en ces termes :

« Nous savons l'intérêt que vous portez à la classe ouvrière et que vous représentez dignement et c'est pour cela que nous vous proposons d'assurer l'existence de votre journal et venir en aide aux ouvriers par des œuvres de bienfaisance et de secours, à la condition d'une rédaction morale sous la direction d'un comité de surveillance. »

Je compris vite dans quel milieu j'étais, mais décidé d'aller jusqu'au bout, je rédigeai un article-programme qui, tout en leur étant agréable, ne froissait pas non plus mes principes.

Il était ainsi conçu :

Lyon, 28 janvier 1847.

A notre sens, le fait social le plus grave, le plus caractéristique de l'époque, n'est pas seulement la concentration des capitaux dans un petit nombre de mains, et, par suite, de l'injuste répartition des produits qui en sont les résultats inévitables, on croit trouver le pouvoir d'assurer à tous le *droit au travail!...* Problème que Turgot a posé en 1789 et qui n'est pas encore résolu. La génération d'hommes qui a survécu meurt chaque jour dans le plus cruel désenchantement, comme, pour ainsi dire, accablé sous le poids d'une énigme qu'il ne peut comprendre, voyant encore de nos jours ce droit sacré si cruellement contesté.

Laisser manquer l'homme de pain, lui, dont les bras sont la seule ressource et le seul capital qu'il possède, c'est le condamner à une mort inévitable.

Or, quelle que soit la cuirasse égoïste dont les esprits sont couverts sous le rapport de la science économique, nous ne pouvons cependant croire que nous sommes toujours en France à accepter le principe de Malthus qui est renfermé dans ces mots :

« *Un homme qui naît dans un monde déjà occupé, si sa famille n'a pas les moyens de le nourrir ou si la Société n'a pas besoin de son travail, cet homme n'a pas le droit de réclamer sa portion de nourriture et il est réellement de trop sur la terre ; au grand banquet de la nature il n'y a point de couvert mis pour lui. La nature lui commande de s'en aller et elle ne tarde pas elle-même à mettre ses menaces à exécution.* »

Eh bien, nous le disons avec toute la sincérité de notre âme, en droit comme en raison, il n'est personne, il n'est pas un pouvoir social quelconque qui puisse soutenir hardiment et proclamer une semblable doctrine. Le cœur, l'esprit, le sentiment *religieux, chrétien*, repoussent aussi ce code horrible, contraire à toute justice et à toute équité.

Il faut enfin ouvrir les yeux et se dire : « Ne point assurer à « tous le droit au travail, c'est exécuter à la lettre la doctrine « homicide de Malthus ». Voilà qui est indéniable.

A vous donc, hommes politiques de tous les partis, qui tous croyez qu'il doit y avoir société, association entre les hommes et non pas un pêle-mêle sauvage. Vous, hommes *religieux*, qui pensez avec le *Christ* qu'il ne peut y avoir un homme de trop sur terre et que nous sommes en ce monde pour y accomplir notre destinée. Vous tous enfin qui n'abdiquez pas le caractère sacré de l'humanité, hâtez-vous, il est temps! Vous êtes solennellement mis en demeure de prouver que vous tenez à vos titres d'hommes politiques et d'hommes religieux, à votre nom d'homme même, car le Christ vous le commande et l'humanité vous en fait une loi.

J. Reynier.

Je fus obligé de retourner dans ce mystérieux local avec le même cérémonial pour avoir une réponse définitive. Cette fois voici le marché qu'on me proposa :

Votre journal sera inspiré au point de vue *chrétien, religieux*, seul moyen moralisateur, et placé sous l'influence d'une commission à laquelle vous serez soumis ; vous toucherez 12.000 francs en signant le contrat.

Je voyais percer le bout de l'oreille à Basile. C'est un marché, répondis-je, vous m'estimez valoir cette somme, mais je ne suis pas à vendre. Je pourrais bien prendre votre argent et me soustraire aux obligations auxquelles vous voulez me contraindre ; non, cet argent brûlerait ma conscience. Le jour où mon journal aurait passé sous votre influence, je serais un *renégat*, restons en là.

Après quelques questions sans importance, on me reconduisit chez moi toujours les yeux bandés.

Je fus donc obligé de liquider et de prendre sur le cautionnement la somme nécessaire pour solder les dépenses que j'avais faites pour nous installer.

En 1848, au mutuellisme, société secrète, a succédé une organisation nouvelle sous le titre de *Société civile des tisseurs* et qui fut fondée définitivement en 1850 sous le vocable : *Société de prévoyance et de renseignements pour le travail, des tisseurs de la fabrique lyonnaise.*

Son but était de procurer du travail à ses membres et de les indemniser en cas de chômage.

Le fonds social se composait de cotisations de 25 centimes et de 5 centimes par métier et par semaine.

Les sociétaires, d'après les statuts, devaient s'engager à ne pas accepter du travail au-dessous du cours des prix librement consentis par la majorité, sous peine de radiation.

En qualité de président de la quatrième catégorie (article gilet), et d'après le rapport que je fis, une assemblée eut lieu en 1875 et une Commission fut nommée pour la révision des tarifs.

Je dus céder, même en qualité de président, devant la majorité qui n'était pas d'accord avec moi, mais néanmoins je signai et fit parvenir les propositions votées à nos adversaires, les commerçants.

Plus tard, chargé de faire un rapport, je fis une demande à la préfecture pour obtenir l'autorisation de nous réunir; mais, comme vous le pensez bien, elle ne me fut pas accordée, nous étions alors sous la férule de l'Ordre Moral commandé par le beau Ducros, toujours de triste mémoire, qui non content de ce haut fait, fit afficher sur les murs de la ville de Lyon la dissolution de la Société, par ordre.

La Société civile une fois dissoute, nous mîmes en délibération l'emploi de notre caisse existante. Mon avis était de la conserver dans l'état actuel où elle se trouvait, et que nous serions bien aise de la retrouver lorsque nous ne serions plus sous l'Ordre Moral. Malgré tous mes arguments, je ne fus pas écouté et chaque sociétaire aima mieux retirer sa quote-part, ce qui fut fait.

Ce que je pressentais arriva, nous fûmes débarrassés de l'Ordre Moral, une nouvelle réorganisation eut lieu sous le nom de *Chambre syndicale*, mais nous n'avions plus un sou en caisse.

Le groupement qui eut lieu sous ce nom ne comprenait qu'une partie de la corporation. Je rentrai dans les rangs avec l'espoir que les leçons du passé seraient mises à profit. Il n'en fut rien.

Un nouveau groupement, soi-disant plus radical, se forma pour ne rien modifier de plus à la situation qui ne faisait au contraire qu'empirer.

J'ai eu le regret de voir notre corporation, qui tenait le premier rang, descendre d'étage en étage pour s'anéantir.

Si mon premier projet eût été accepté, nous aurions, à l'heure actuelle, une caisse de retraite pour nos vieillards, et, pour le chômage, des millions en caisse !!!

Puisse la génération future être plus prévoyante ! mais il est à redouter que notre belle industrie de la soie, qui fut une gloire de notre cité, ne puisse retrouver sa splendeur de jadis, le système économique actuel ne le permettant pas.

CINQUIÈME PARTIE

MAGNÉTISME — SPIRITISME

I

MAGNÉTISME

En 1835, le magnétisme était alors en grande vogue. Moi, de ma nature, curieux de tout connaître, je guettais l'heureuse circonstance qui me permettrait d'assister à une de ces séances ; ce n'était guère facile, j'avais peu de liberté, j'étais d'un autre côté absorbé par mon travail d'abord et mon cours de musique ensuite.

Un jour, une élève (1) qui s'occupait très activement de cette science, me promit de me faire assister enfin à une séance. Pensez si j'étais content.

Je fus tellement surpris de ce que je vis que je m'y rendais tous les jours.

Au nombre de mes élèves, se trouvait une jeune épicière que je voyais souvent et à laquelle je racontais ce qu'on pouvais obtenir du magnétisme, j'ai été même jusqu'à lui faire croire que je savais endormir ; de but en blanc elle me priait d'essayer sur elle. Pas assez sûr de moi, je cherchais toujours quelques prétextes pour tenter l'expérience.

---

(1) Tonine Brochet.

Tellement harcelé par elle qu'un jour j'y consentis tout en l'avertissant que je ne réussissais pas toujours.

MA PREMIÈRE ENDORMIE

Comme son mari était employé toute la journée ne rentrait que le soir, je me rendis chez elle, je la fis asseoir dans son arrière-magasin et je me mis à imiter tout ce que j'avais vu faire, bien certain que j'étais d'avance de ne pas réussir. Jugez de mon étonnement, elle s'endormit très bien, j'eus avec elle une conversation assez décousue ; elle paraissait beaucoup souffrir, je voyais des larmes dans ses yeux, ses nerfs se contracter, elle poussait des soupirs, ma position devenait critique. Je l'appelais, elle me répondais, mais elle ne s'éveillait pas du tout.

Pour comble de malheur, il vint une pratique. Je ne pouvais vendre du sel ou du poivre. Plus mort qu'en vie, je lui répondis qu'elle était absente et que je gardais la boutique, la priant de revenir.

Je revins vers elle, toujours la même souffrance. Je craignais un malheur. Je cherchais à me rappeler comment on avait opéré pour réveiller les sujets et je me souvins qu'on faisait des passes en travers du corps, avec force, que le magnétiseur avait aussi rempli un verre d'eau sur lequel il faisait ses passes également et qu'il lui avait fait boire. Je procédai alors de la même manière.

Oh bonheur ! elle se réveilla, mais tellement fatiguée, qu'elle prit alors une crise. Pendant deux jours elle s'en est ressentie. Je me gardai bien d'en parler au mari.

C'est à partir de ce jour que je me mis à étudier le magnétisme, j'achetai les ouvrages du baron *Dupotet* qui donne tous renseignements à cet égard et qui vous permet d'agir avec méthode.

A la lecture de ce livre, je compris seulement qu'elle avait été mon imprudence et combien elle aurait pu avoir des suites fâcheuses soit pour cette dame, soit pour moi.

Plus tard, j'essayai sur une jeune fleuriste saint-simonienne ; je l'endormais facilement même sans la toucher, mais j'avoue qu'elle laissait souvent à désirer aux questions que je lui posais.

Un dimanche j'étaïs allé à Châlons avec ma fille à une fête maçonnique ; on nous invita le lendemain à diner chez quelques amis. La conversation roula sur le magnétisme auquel personne ne voulait croire; malgré cela, ils m'invitèrent à donner la preuve de ce que je disais. Comme ils nous avaient fait manquer la voiture qui devait nous conduire à la gare, force était de rester et de passer son temps aussi joyeusement que possible.

A 9 heures, nous nous réunîmes dans un salon, l'assistance était nombreuse, mes amis me prièrent alors de leur donner mes idées sur le magnétisme.

J'étais embarrassé car je n'étais pas fort. J'expliquai bien ce qui s'était passé avec ma première endormie, ils n'étaient pas satisfaits, il leur fallait une expérience.

Après avoir expliqué qu'on ne réussissait pas toujours et que cela dépendait souvent du sujet, je leur demandai s'il n'y avait pas une jeune fille dans le personnel de la maison. On n'en trouva pas, mais ils allèrent en chercher une dans une fabrique de tissage. Ils la firent même lever car elle était déjà couchée.

Elle était confuse de se trouver en si belle compagnie, je la rassurai de mon mieux et lui demandai ensuite de vouloir bien se prêter à une série d'expériences, que du reste elle n'avait rien à craindre.

JE SUIS PRIS POUR LE DIABLE

A ce moment j'étais ferré et ne craignais plus de crises. Je la fis asseoir et procédais, comme il est d'usage, à pratiquer les passes nécessaires. Je vis que j'étais tombé sur un sujet exceptionnel car en moins de dix minutes elle était endormie. L'étonnement fut général. Elle fut bientôt sous mon influence et en ma puissance.

Puis je me mis à lui poser des questions.

« *Venez avec moi, lui dis-je, nous allons voir cette réunion, vous y êtes? — Oui, répondit-elle. — Eh bien, dites-moi combien il y a de dames ici?* » Je suivais des yeux la Société et après en avoir fait le tour je lui dis : « *Voyons, combien sommes-nous, sans compter? — Quinze,* » répondit-elle. C'était la vérité.

« Puisque vous êtes si forte, regardez à ma gauche, cette dame qui a la main dans sa poche, en *suivant bien ma pensée, peut-être pourriez-vous me dire ce qu'elle tient?* Je priais alors cette dame de ne plus faire un mouvement. Après quelques tâtonnements elle s'écria : *Je vois la main de cette dame dans sa poche de droite, elle tient quelque chose de rond. Ah! Eh bien, c'est jaune! Pardi, c'est une orange!* »

C'était encore vrai.

« Ah! par exemple, s'écria une dame à ce moment, il y a du *diable* là-dedans. »

Je vais profiter de vos bonnes dispositions, lui dis-je, pour aller rendre visite à vos parents. Voulez-vous m'y mener mademoiselle. — *Je voudrais bien vous y mener, me dit-elle, mais ce n'est pas loin. — N'importe, lui répondis-je, partons! Nous y sommes, indiquez-nous les endroits où vous passez.* » Ce qu'elle fit de bonne grâce.

« Vous voyez, messieurs et mesdames, voici une jeune fille qui, bien travaillée, ferait un excellent médium.

« *Maintenant, où êtes-vous? — A la maison. — Que voyez-vous? — Mon père ainsi que ma mère sont couchés.* »

Par la pensée, je la ramenai dans la salle d'où elle n'était pas sortie et je la réveillai. On lui demanda si elle se rappelait de quelque chose. Elle répondit qu'elle n'avait souvenir de rien.

Les dames me croyaient vendu au diable et les messieurs ne pouvaient revenir de leur surprise. L'un d'eux raconta au patron de la jeune fille ce qui s'était passé, et, chose curieuse, cinq ans après le directeur de l'usine, qui était venu s'établir à Lyon, se fit recevoir du cercle des Travailleurs de la Guillotière, où mon nom fut prononcé devant lui ; il me cherchait pour me remettre une photographie de cette jeune fille, ce qu'il fit ; mais cinq ans s'étaient écoulés, j'étais dans l'impossibilité de la reconnaître.

Comme conclusion, je dis : Le somnambulisme ne saurait être ce que les charlatans, qui l'exploite, veulent nous faire croire, car il y a autant de contradictions que des faits du hasard.

Néanmoins, on peut, par ce moyen, soulager un malade ainsi que je l'ai fait à mon épouse pour ses migraines et ses névralgies, etc.

II

SPIRITISME

Après m'être rendu compte de ce qu'était le magnétisme, je me suis livré à l'étude du spiritisme. C'est donc encore à l'œuvre du maître que je me suis adressé,à *Allan Kardec*, né à Lyon le 3 décembre 1804; fils d'avocat, élève de *Pistalozzi*; dont il fut un fervent disciple et l'un des propagateurs de son système d'éducation. Il a exercé une grande influence en France, comme en Allemagne, mais c'est à partir de 1850 qu'il s'est livré à l'étude des phénomènes spirites.

Par distraction à la mode, j'ai fait tourner la clef sur mes doigts, le chapeau, l'anneau pendu à un cheveu dans un verre à liqueur, enfin j'ait fait parler et tourner le fameux guéridon sous la prétendue dictée des esprits. J'en fis même l'expérience un soir devant mes artistes qui voulaient aussi essayer.

Je les mis autour d'un guéridon qui se trouvait sur la scène, il ne bougeait pas du tout et eux de rire aux éclats.

« Il est certain, leur dis-je, que tant que vous plaisanterez nous n'aboutirons pas, si vous voulez avoir le ferme volonté d'arriver vous y parviendrez ».

Ils se remirent en place sans sourciller. Après quelques instants, le guéridon se mit à craquer et paraissait se soulever. Je fis lâcher le guéridon, aussitôt il s'éleva, je l'accompagnai, il se promena en l'air seulement soutenu par un seul dogit, au grand étonnement de mes artistes.

Pour moi, ceci n'était que peu de chose, je tenais à m'éclairer sur ce que pense les esprits, j'ai dû me livrer à des études beaucoup plus sérieuses.

Pour définir le spiritisme qui compte parmi ses partisans des hommes de valeur comme *Eugène Bannessière*, *Flammarion*, *Auguste Vaquerie*, *Robert Houdin*, *Alfred Russel, Vallace*, de la Société royale de Londres, *Varley*, ingénieur en chef des lignes télégraphiques, *F. Ziellner*, astronome, membre correspondant de l'Académie française, *Gladstone*, ministre d'Angleterre, etc., qui sont autant de témoignages qui peuvent confirmer la présence des esprits et leurs relations avec ceux qui les invoquaient, il me suffira d'indiquer les faits suivants :

LE SECRET GARDÉ PAR UN ESPRIT MÊME APRÈS SA MORT

Un certain abbé C..., l'un des expérimentateurs pour lequel l'esprit du professeur M... s'était manifesté, nous pria d'évoquer également l'esprit de son oncle afin qu'il nous réponde sur un secret de famille qu'il n'avait jamais voulu dévoiler de son vivant, alors nous évoquâmes l'esprit par trois fois et au bout de quelques secondes un craquement se fit entendre. le guéridon se souleva sur deux pieds (il en avait quatre), c'était l'esprit ! « Veuillez « bien dire, esprit, à votre neveu présent parmi nous, le « secret qu'il désire savoir et que tu n'as pas dit ici bas. » Le guéridon se leva gravement prouvant qu'il avait compris et frappa jusqu'à treize coups, c'est-à-dire la treizième lettre de l'alphabet et ainsi de suite autant de coups pour former le mot *motus*, signifiant qu'il ne voulait dévoiler le secret qu'il avait gardé de son vivant.

Maintenant passons à une histoire de revenant (s'il est des gens qui y croient encore, moi je n'y crois pas). Les spirites affirment leur existence et en voici la preuve :

Le marquis de Rambouillet et le marquis de Précy, un jour de bel humeur quoique l'un et l'autre n'ayant confiance au spiritisme en matière de plaisanterie se promirent que le premier mourant viendrait apporter à l'autre survivant des nouvelles de l'autre monde. Le pacte fut conclu, Trois mois après le marquis de Rambouillet partit pour la Flandre et il fut tué.

Le marquis de Précy, six semaines après le départ de son ami se mit au lit, miné par la fièvre. Un jour, à six heures du matin alors qu'il dormait il vit tirer les rideaux de son lit et se soulevant, il aperçut, soi-disant, son ami qui lui dit : *que tout ce qu'on disait de l'autre monde était la vérité* et qu'il ne mettrait pas longtemps pour venir le rejoindre parce qu'il serait tué à la première guerre.

Le marquis voulut faire un pas pour l'embrasser mais il ne saisit que le vide, il n'y avait rien.

En effet il fut tué à la première bataille.

Comment ne pas croire aux revenants lorsque Monseigneur de Ségur lui-même affirme le plus sérieusement possible qu'il a causé avec deux damnés venus de l'enfer qui lui ont raconté comment on rôtissait là-bas (1).

Eh bien, malgré tout cela, mon esprit à moi se refuse à croire à toutes ces bêtises ; si cela était possible, il n'y aurait plus de secret, les esprits nous renseigneraient sur tous les points.

Malgré toutes ces belles théories, il y a, à côté de ces savants, quelqu'un qui a plus d'esprit (à mon avis bien entendu) c'est le bon sens populaire qui dit, non sans raison, *quand on est mort c'est pour longtemps*.

Le spiritisme qui dans un moment de vogue a déséquilibré pas mal de cervelles et envoyé peupler les hospices

---

(1) L'Enfer, par Monseigneur de Ségur. se vend chez les libraires (bien pensants), 40 cent.

est une chimère, *un mal passager devant la longue durée de l'humanité*, c'est une tentative de transformation du catholicisme que quelques fanatiques cherchent encore à exploiter par certaines manifestations d'esprits invoqués par les médiums mais qui nous ramènent aux fureurs bigotes du moyen-âge.

Tout cela prouve que la raison n'est point encore venue à notre pauvre humanité sur ce sujet. Voici ma théorie :

Je considère l'humanité comme un être collectif qui va se développant dans la succession des temps comme l'individu dans la succession des âges et, comme lui, est destiné à en parcourir toutes les phases : *Enfance, Adolescence, Virilité de croissance, Vieillesse et fin ou plutôt transformation*, car *rien ne meurt, tout vit*, la nature se nourrit d'elle-même et la mort est à la vie ce qu'est la vie au jour, le printemps à l'hiver.

Elle ne peut effrayer que les esprits faibles qui ont encore besoin d'être soutenus par les rênes de la superstition pour les conduire et ceux qui les détiennent ne sont guère pressés de les lâcher. Ce jour n'est pas encore venu.

Or, pour en revenir à l'humanité si comme la logique et les faits nous le prouvent, elle doit avoir une assez longue durée (80 millions d'années, approximativement, selon les calculs de Charles Fourier, ce grand réformateur), nous pouvons affirmer qu'elle est encore bien jeune et ne nous étonnons pas si elle fait des sottises. On pourrait croire même que sa situation correspond à l'âge de l'enfant qui souffre de la dentition et qu'en voulant écouter tous les marchands d'orviétan, il augmente ses souffrances.

Si nous partons du point de vue de ma théorie, il ne faut pas être étonné que nous pataugions dans le gâchis ; nous sommes des enfants nous querellant, voulant avoir tous raison, quand nous avons, au contraire, tous tort.

L'Humanité marche et se développe sans cesse, la raison finira un jour à mettre fin à ces doctrines, ces dogmes que l'on considère comme immuables. Ces idées de punitions ou de récompenses dues au delà de ces prétendus dieux dont l'impuissance commence déjà à se manifester dans une notable partie de la population, que les uns affirment avec conviction, tandis que d'autres nient avec certitude, sans que jamais ils puissent être d'accord, car, de toutes les légendes, soit catholiques ou autres, aucune n'est soutenable. Ce qui me paraît le plus logique, c'est que rien n'a pu être créé de rien, ce qui a toujours été sera toujours ; que tout se meut par des lois, tout se transforme ; que depuis l'insecte jusqu'au soleil qui éclaire le monde, tout a eu sa naissance, seulement la durée de la vie est proportionnelle à la durée de son développement.

Lorsque l'humanité aura son entier développement, regardant en arrière, elle se demandera comment elle a pu si longtemps souffrir. Lorsqu'elle avait, soit sur la terre, ce sublime domaine, soit dans ses entrailles, tout ce qui pouvait contribuer à son bien-être, soyons certains que spirites catholiques ou autres auront disparu, pour faire place à la science qui va encore à pas lents, mais qui, chaque jour, déchire une page au livre de l'Erreur, pour en ajouter une à celui de la Vérité.

POÉSIE

J'ai fait aussi des vers, beaucoup même. Vous trouverez assez singulier que, dépourvu d'instruction, j'ai pu entreprendre les rimes.

Est-ce que je pouvais laisser quelque chose sans avoir l'idée d'y toucher ?

Je vais vous en donner un échantillon, mais à titre de simple renseignement et non de modèle.

ACROSTICHE

« A Marie, qui fut plus tard mon épouse. »

C elle qui m'a charmé même jusqu'à l'ivresse,
E st bien simple d'attraits mais belle de candeur.
S a timidité franche a subjugué mon cœur
T ant elle a, de Vénus, la grâce et la tendresse.
M ais comment la chanter, mon timide Appolon
A ura-t-Il l'impudeur de prononcer son nom ?
M a plume discrète ne saurait la trahir,
A elle seule encore j'ose à peine le dire.
R ien ne peut découvrir le doux nom qui m'inspire,
I l n'y a que son cœur devinant mon désir
E t moi lui indiquant la ligne qu'il faut lire.

SIXIÈME PARTIE

MON PROCÈS AUX HOSPICES DE LYON EN 1849

Un sieur *David Comby*, orphelin, natif de Belleville-sur-Saône (Rhône), élevé dès son bas âge par l'Hospice de la Charité, mais ayant fait fortune à l'étranger, légua à titre de reconnaissance tout ce qu'il possédait, aux Hospices de Lyon, aux conditions suivantes :

1° De dire pour lui une messe à perpétuité ;

2° D'avoir 5 lits pour les pèlerins voyageurs ;

3° De délivrer chaque année trois détenus pour dettes ;

4° Enfin, d'élever, d'entretenir, d'instruire et d'apprendre un état à 12 enfants du sexe masculin, les plus pauvres de la commune de Belleville.

Oh, pendant quelques années, tout marcha bien, mais insensiblement tout tomba en désuétude et même les Hospices étaient arrivés à ne donner aux 12 enfants que cinquante francs par an.

En 1844, un nommé *Bourdy*, orphelin, né à Belleville, fort de son droit, cru pouvoir jouir des avantages du sieur Comby.

L'Hospice pensant peut-être que c'était un héritier direct, l'avait placé à la campagne chez des cultivateurs, il s'était marié et une maladie des yeux le força à quitter la culture. Il vint à Lyon avec sa femme et se plaça comme manœuvre (1).

N'ayant pas joui des avantages du donateur, l'idée lui vint d'en référer à la justice et faire aux Hospices une demande de dommages et intérêts. Dans le public il rencontra de prime-abord beaucoup de sympathies, il faisait des souscriptions pour intenter son procès, on le croyait intéressant, on lui faisait des fonds.

Hélas ! quoique sa cause nous parut très juste et qu'il avait d'ardents défenseurs, le procès n'eut aucun résultat.

Bourdy avait formé un comité composé de communistes qui devaient l'aider dans ses revendications, à charge de se partager les sommes qu'il pourrait obtenir.

Il n'était pas trop exigeant, pour lui, il ne demandait que vingt mille francs et la croix d'honneur, et une statue sur une place de Belleville pour son bienfaiteur.

Malgré tous ses droits, il n'obtint jamais rien.

Brochures, Mémoires, demandes au ministère, rien ne fit, il ne fut même pas écouté. Cette lutte durait depuis sept ans, lorsque lui vint l'idée de former un nouveau comité directeur, chargé de prendre l'affaire en mains.

Parmi les membres de ce comité il s'en trouvait un avec lequel j'avais de bonnes relations et qui savait que j'avais quelques influences et qu'au besoin je pourrais mener à bonne fin ce procès. Il me sollicita de faire partie comme lui du comité. Comme je voyais l'affaire assez bonne, j'acceptai, on me nomma même président.

Après avoir étudié les moyens employés par Bourdy jusqu'alors et calculé le montant de ses recettes jusqu'à ce

---

(1) Nous sûmes plus tard que c'est par suite de son indiscipline que les hospices l'avait placé chez des cultivateurs.

jour, je m'aperçus qu'il en dépensait la plus grande partie pour son usage personnel.

Je pris la question sous un point de vue plus général et je fis du procès Bourdy cause commune avec les pauvres de Belleville.

Avant d'accepter la présidence de ce comité, je posai mes conditions et fis observer que, pour mettre fin aux critiques, il était utile qu'aucun appel de fonds nouveau n'aurait lieu, me chargeant de pourvoir à tous les besoins de la cause, soutenu que j'étais par la Franc-Maçonnerie.

Bourdy était bien contrarié de me voir procéder ainsi, car il n'aurait plus de somme disponible à porter chez les marchands de vins. Je le rassurai de mon mieux et lui promis pour lui et son comité existant déjà, une part dans les bénéfices.

En 1850, lorsque la loi relative aux Hospices fut mise en exécution, les administrateurs lui répondirent par un mémoire intitulé :

Observations sur le projet de loi relatif aux hospices

dans lequel ils demandaient, au nom des pauvres, de rester dans les conditions actuelles, c'est-à-dire celles qui leur permettaient certains privilèges qui échappaient à nos lois et de rester maîtres sans contrôle.

A la lecture de ce Mémoire, je chargeai un de mes amis d'aller aux archives de la ville et de relever tous les documents possibles sur les Hospices, depuis leur fondation par Childebert Ier en 542. Dans ce relevé, j'y trouvai les noms de tous les généreux donateurs, et entre autres celui de David Comby.

C'est alors que je fis imprimer, moi aussi :

Réponse aux observations de l'administration des Hospices de Lyon, sur la loi relative aux Hospices et Hôpitaux, en discussion devant l'Assemblée nationale, par un Comité Lyonnais, pour ramener cette administration à l'exécution des fondations par eux acceptées depuis longtemps.

Ce Mémoire fut lu à la Chambre en 1851 (1).

Ce Mémoire mettait à découvert les manœuvres des administrateurs, signalait l'inexécution des charges imposées dans diverses fondations, notamnent dans celle qui m'occupait dans le moment (David Comby), et après avoir donné les détails sur les dispositions testamentaires du donateur, je concluai ainsi :

« A dater de 1760 les clauses du donateur Comby ont « cessé de recevoir leur exécution pleine et entière; en « 1848, après cinq ans d'efforts persévérants, Bourdy, l'un « des bénéficiaires au titre d'orphelin de Belleville, est « parvenu à introduire pardevant le tribunal, une action « contre les Hospices en exécution du testament devenu « lettre morte. En 1849, il a obtenu un jugement qui a « condamné les Hospices à l'exécution pleine et entière du « testament.

« Par malheur le tribunal a jugé convenable de régler « une indemnité pour le cas de non exécution, et les « Hospices se prévalent aujourd'hui de cette réserve comminatoire, car, Bourdy de son côté et les Hospices de « l'autre, avaient interjeté appel.

« Mais les Hospices, mieux avisés, ayant retiré leur « demande en appel, refusent de se défendre contre celui de « Bourdy, et ils mettent en œuvre, tout ce qu'ils ont de « crédit, pour empêcher que la commune de Belleville soit

(1) J'en possède encore deux exemplaires.

« reconnue partie civile au procès en première instance,
« et soit autorisée à soutenir cet appel.

« Nonobstant ces manœuvres que nous ne qualifions « pas, le Conseil de Belleville, dans sa session extraordi- « naire du 6 avril 1851, a décidé à l'unanimité que, repous- « sant toutes les offres insuffisantes qui lui ont été faites « jusqu'ici, suivrait l'instance sur appel, et cette délibéra- « tion est motivée de la manière suivante :

« Considérant qu'un conflit de ce genre entre une « administration, dite charitable, et les pauvres pupilles, « cette façon d'administrer blesse autant la morale qu'elle « est préjudiciable aux intérêts sacrés de ces derniers.

« Le conseil soussigné exprime le désir de voir se « terminer par une transaction honorable pour les « Hospices, et se mettre plus en rapport avec les droits « incontestables envers les pauvres, que David Comby « a dotés. Puisque l'Hospice a accepté le legs, il doit en « supporter les charges.

« L'administration des Hospices était encore allée plus « loin qu'il ne vient d'être dit, dans cette voie de direction « absolue, qu'elle veut suivre sans contrôle, car tout en « invoquant la loi en règlement d'indemnité, elle a offert « à la commune de Belleville ce qui suit :

« 1° D'arrêter les comptes définitifs respectifs à partir « du jugement.

« 2° De mettre à la disposition de la commune de Belle- « ville, les bénéficiaires du testament qui sont actuelle- « ment élevés par lesdits Hospices, ce qui veut dire qu'ils « déchireraient le testament de David Comby, moyennant « que l'administration légataire paie une somme annuelle « de 2,400 francs pour rester en possession d'un capital « dont elle seule connait le chiffre. »

« Etrange manière d'honorer les bienfaiteurs morts et « de respecter leurs volontés.

« Cet échantillon de la manière dont la corporation se « conduit, et emploie des fins de non-recevoir pour s'exo- « nérer des charges que lui impose l'acceptation des « riches successions qui accroissent sa fortune, donne « une haute idée de l'habileté de ses membres chargés du « contentieux, mais elle est peu propre à encourager ceux « qui seraient disposés à faire des donations, dont la « gestion devrait être confiée aux Hospices, nous ne les « y engageons pas. »

CONCLUSIONS :

« Il résulte de cet exposé :

« 1e Que l'administration des Hospices civils de Lyon « qui tient essentiellement du domaine public, est tombée « entre les mains d'une corporation particulière qui « regarde cette administration comme sa propriété « personnelle.

« 2e Que l'habitude de cette administration ne paraît pas « consister essentiellement à remplir avec toute l'exacti- « tude désirable les conditions qu'elle a acceptées en « prenant possession des capitaux qui lui sont remis à « titre de fondations.

« En conséquence, les soussignés prient l'assemblée « nationale de bien vouloir ramener cette administration « à la règle du droit commun et de n'admettre en sa « faveur aucune disposition exceptionnelle dans la loi sur « les Hospices soumise en ce moment à ses délibérations.»

« Lyon, le 8 avril 1852.

« Le Président du Comité,
« J. REYNIER.

« Le Trésorier,
« GUÉRIN.

« MERLANCHON, MARTINET, FOILLARD, JADOU. »

Bien décidé que j'étais à mener le procès, non pour Bourdy seulement, mais pour la commune de Belleville, je ne pouvais le faire sans qu'elle se porta partie civile. C'est à partir de ce moment que j'eus à lutter pour arriver à vaincre toutes les résistances, car l'influence si puissante des Hospices m'a suscité d'énormes difficultés, d'autant plus que le sous-préfet de Villefranche se mettait encore de la partie en faisant comprendre à la commune de Belleville qu'elle n'avait pas de ressources suffisantes pour intenter un pareil procès.

D'un autre côté l'administration des Hospices, comme toujours se croyait forte, puisque en pleine réunion après avoir connaissance de ma nomination de Président, elle a déclaré : n'avoir pas plus à craindre que par le passé, puisque c'était un *canut* qui avait remplacé l'ancien Président.

Ils virent plus tard ce que fit le *canut*.

Ne pouvant rien faire sans que la commune se porta partie civile, le cas devenait grave, il fallait cependant vaincre la résistance du Conseil municipal. Je parvins à obtenir son adhésion sur la promesse que je lui fis de me charger de tous les frais d'avoué, d'avocat, etc.

Quelques membres du Conseil vinrent avec moi à la Préfecture de Lyon, et déclarèrent au Préfet que je m'étais chargé de les représenter et que, muni d'un pouvoir régulier, je plaiderais leur cause.

Le Préfet consentit.

Je passe ici de raconter, ce qui du reste n'aurait aucun intérêt pour mes lecteurs, toutes les misères inévitables dans pareille affaire.

Nous ne pouvions du reste faire intervenir Bourdy au procès, puisqu'on aurait prouvé que ce n'était pas un enfant de la Charité, et que les Hospices avaient dû s'en défaire et le placer chez des paysans, tant son caractère était mauvais, et que du reste il avait déjà perdu le procès qu'il avait intenté lui-même, et avait été condamné aux frais de l'instance, mais qu'il ne paya pas, puisque je fis moi, une souscription pour les payer.

Une fois cette question vidée, je partis à Paris pour voir l'un des maîtres de la parole, Martin de Strasbourg, auquel je comptai l'affaire. Il n'hésita pas à se mettre à ma disposition et après avoir examiné le sujet de sa plaidoirie, il me mit comme condition de ne pas parler de Bourdy; en justice, me dit-il, on ne traite pas deux choses à la fois. Il fut arrêté qu'il ne parlerait que des Orphelins, seul moyen de gagner la cause, tout en me conseillant de persuader à Bourdy que sa cause serait discutée en même temps, car, avec son caractère emporté, il aurait tout gâté.

Nous étions bien décidé qu'après le procès nous nous occuperions de lui, et, c'était juste, nous avions l'intention de demander pour lui, à la commune de Belleville, une subvention assez forte pour lui permettre de vivre.

Je préparai un Mémoire que je fis signer par le Conseil municipal, pour être remis au Conseil d'Etat aussitôt l'arrêt rendu.

J'écrivis alors à Me Martin de Strasbourg, en le priant de me faire connaître le jour de la plaidoirie du procès le plus tôt qu'il le pourrait.

Enfin le jour tant désiré arriva.

L'affaire était au rôle, je me rendis à Paris. Les Hospices de Lyon étaient défendus par le célèbre Brac de la Perrière; un grand nombre de ses confrères s'étaient rendus au Palais pour entendre mon avocat, cette gloire du barreau français, qui avait consenti à défendre la cause des pauvres et rappeler aux Hospices que l'on ne peut impunément violer la teneur des testaments.

Dans une chaleureuse et longue plaidoirie, il mit à néant les péroraisons de Me Brac de la Perrière, la cause fut gagnée. J'étais fier, à côté de mon avocat, dont je partageai un peu le succès.

Rentré à son hôtel, il fut aussitôt assailli par les membres du barreau, venus pour lui adresser des félicitations sur son talent oratoire, qui avait servi à faire rendre justice aux orphelins.

— C'est à Monsieur Reynier, ici présent, leur disait-il, qu'en revient le mérite, car depuis deux ans, il consacre à cette cause son temps et son dévouement.

— Et à vous, cher Maître, ai-je répondu, qui avez mis à ma disposition votre parole, et qui ne réclamez aucun honoraire.

Voilà donc l'issue de ce fameux procès, qui a duré de 1849 à 1852 !

Nous allons voir maintenant la suite, et quelle a été ma récompense.

Je dois dire que je n'ai eu qu'à me louer des procédés de la commune de Belleville, mais il n'en fut pas de même de Bourdy et de son Comité.

J'écrivis après le procès à la commune de Belleville, en lui demandant de vouloir bien allouer une somme quelconque à Bourdy, étant donné que c'était par son initiative que la commune rentrait dans ses droits. Cette dernière y consentit ; mais Bourdy, déçu de ses rêves, refusa une rente annuelle, il voulait un capital, ce qui fut refusé avec raison, car il aurait été vite dissipé et sa pauvre femme aurait été aussi malheureuse que ci-devant.

Bourdy et son Comité n'ayant plus alors les milliers de francs qu'ils attendaient, m'accusèrent de trahison et résolurent de se venger.

Ils voulurent me forcer à donner ma démission, non-seulement de président du Comité, mais encore de membre actif du même Comité.

Je leur écrivis une longue lettre que je terminai par ces mots :

« *Vous voudrez bien me convoquer, ne vous reconnaissant pas le droit de me juger sans m'entendre.* »

Je fus bien convoqué, mais je fus l'objet d'infâmes accusations et ils disaient même que j'avais eu une large part dans cette affaire : « dont j'étais bien capable, ajoutaient-ils, puisque j'avais volé l'héritage d'un de mes neveux. »

Je me retirai alors, en déclarant que je viendrais dans huit jours apporter des preuves pour réfuter leurs mensonges.

En effet, au bout de huit jours je revins avec mon neveu Lassalle, officier du train, nommé, en 1870, commandant de la 4e légion du Rhône, qui, devant tous, apportait les comptes de sa tutelle et qui, furieux des accusations lancées contre moi, se permit de donner un soufflet à celui qui en était l'auteur, et, leur disant qu'ils étaient tous des lâches d'accuser un vieillard, il me prit par le bras pour m'emmener.

Quelques jours plus tard, je reçus une invitation à me rendre à une réunion pour signer, soi disant, les procès-verbaux, pour que mon successeur trouva tout en règle.

Ne me méfiant de rien, je m'y rendis et signai les procès-verbaux. Aussitôt fini, celui qui avait reçu la gifle me vint dessus pour me frapper.

J'étais tombé dans un guet-apens.

Je parvins alors à lui faire lâcher prise et comme j'étais près de la porte, je me sauvai en criant : « Au secours ! » poursuivi par eux jusque sur la place de la Guillotière. Ils ne s'arrêtèrent que lorsqu'ils virent le monde qui était là, mais en disant, malgré cela, que je ne perdais rien pour attendre.

Je fus même obligé de faire ma déclaration à la police.

Voilà le résultat de tous mes efforts pour cette sainte cause. Ce qui prouve une fois de plus combien il est difficile de faire le bien. Il en est arrivé de même dans le grand monde, ne l'avons-nous pas vu par Jules Ferry, Gambetta, Burdeau et tant d'autres.

Quoi qu'il en soit, fort de ma conscience, ce procès est une des plus belles pages de ma vie.

SEPTIÈME PARTIE

POLITIQUE

La révolution de juillet 1830 fut pour moi le commencement de ma vie politique, j'avais alors 18 ans, je criais comme les camarades : *Vive la liberté*, sans en connaître bien le sens. Devant l'intolérance cléricale, je me retirai de l'Eglise pour m'affilier à la société du progrès : *Les Droits de l'Homme*, je devins même vice-président d'une section, ce qui me valut l'honneur d'être poursuivi comme faisant partie d'une société secrète.

Devant les tracasseries incessantes de la police, je compris que pour éviter tout désagrément, il valait mieux renoncer à faire partie de toute société, du moins pour le moment. Je me retirai donc avec mon père à Pusignan, où j'avais été élevé, mais la tentative que j'avais faite auparavant de tenter un mouvement républicain avait dû être signalée aux autorités, puisque huit jours après notre arrivee on vint nous arrêter mon père et moi. Le maire, (qui n'était pas au courant de l'affaire), prouva que nous n'avions pas bougé (nous n'avions pas pu), et que nous étions dans la localité bien avant les évènements. C'est ainsi que nous échappâmes au jugement de la Cour des Pairs.

Mais la police voulait à toute force que je fus carbonaro et je m'attendais toujours à une nouvelle descente de la police, ce qui eut lieu.

J'étais rentré depuis à Lyon. Un beau matin je fus réveillé en sursaut par ces mots : *Au nom de la loi, ouvrez.* Je crus d'abord à une plaisanterie d'amis, mais une nouvelle injonction d'ouvrir sous peine de voir enfoncer la porte si je n'obéissais pas, me fit revenir à la réalité, et je dis alors derrière la porte : *Laissez moi au moins mettre ma culotte.* Une fois habillé très sommairement, j'ouvris. Aussitôt des agents se précipitent et se mettent immédiatement à fouiller partout, ma foi, ce que je ne voulais souffrir, j'avais une peur qu'ils ne glissent quelques pièces compromettantes pour avoir un motif pour m'arrêter Il faut se méfier un peu de ces gens là, surtout en certains moments.

Ils saisirent néanmoins une épée qui me servait à faire de la prestidigitation, puis ils mirent la main sur mon cordon de franc-maçon.

« Nierez-vous me dirent-ils contre cette preuve que vous n'êtes pas carbonaro », je leur avouai ce que c'était que ce cordon.

Un agent en furetant, mit à jour mes cahiers de musique chiffrée et les remettant au commissaire il dit : « Ah, voilà une preuve matérielle de la société secrète, vous allez nous donner la clef de cette correspondance ». Comment l'expliquer sans rire. J'appelai un de mes ouvriers au courant de cette méthode de musique et lui dit que ces messieurs voulaient en avoir la clef. Un peu troublé, il prit néanmoins le papier, c'était l'air de *l'Aimable Isore* que je lui enseignais depuis peu de temps, il chercha un peu le ton, et se mit à leur chanter la romance.

Penauds et confus, il se retirèrent saisissant quelques

livres et journaux, non sans m'avouer qu'ils auraient dorénavant l'œil sur moi.

En effet, l'année suivante, deux agents munis d'un mandat d'arrêt vinrent me chercher et me conduisirent au palais de justice ou le procureur du roi m'accusa d'avoir assisté à une réunion de carbonari. J'eus beau lui affirmer que depuis 1834 j'avais renoncé à faire partie de toute société, rien ne fit, jusqu'à ce qu'ayant fait prendre lui-même des renseignements il fut prouvé par mes dénonciateurs même, que j'étais à ce moment chez moi, et au lit.

Tout cela commençait bien à m'ennuyer et me demandais lorsque cela finirait.

Avant d'être mis en liberté, je dis alors au procureur qu'en effet j'étais un républicain militant et que je ne m'en cachais pas, mais que je resterais toujours dans la légalité.

Il essaya bien de me faire la morale et de me parler des conséquences que pourraient avoir mes idées avancées, etc. Je le laissai dire et je rentrai chez moi.

Rien en ce moment pouvait bien me tenter sur le terrain de la politique, la bourgeoisie triomphait, nous ne pouvions alors, nous, républicains, que faire de l'agitation contre cette classe et le gouvernement d'alors qui, après avoir renié sa devise de *Liberté et d'ordre public*, courbait son front devant l'étranger et gardait pour lui ce principe : *Enrichissons-nous*.

Il n'y avait plus que l'agitation électorale, dis je, pour modifier le suffrage et c'est ainsi qu'en 1840 un grand banquet réformiste eut lieu dans la plaine des Charpennes, où six mille républicains organisèrent un vaste pétitionnement en faveur de cette réforme.

Quatorze discours devaient y être prononcés. Une commission fut chargée de choisir les orateurs qui devaient prendre la parole. Ce fut :

1° Le citoyen Carle sur : *la Réorganisation de la garde nationale ;*

2° Le citoyen Drivon sur : *Point de Bastille, point de forts détachés ;*

3° Le citoyen Blache sur : *la Réforme électorale ;*

4° Le citoyen Ritiez, rédacteur du *Courrier*, sur : *Nos Droits civiques ;*

5° Le citoyen Mazoyer sur : *l'Education égalitaire ;*

6° Le citoyen Tabard sur : *la Guerre ;*

7° Le citoyen Gros sur : *le Peuple travailleur ;*

8° Le citoyen Doutre sur : *la Presse et l'Emancipation des peuples ;*

9° Le citoyen Doncieux sur : *l'Union des patriotes ;*

10° Le capitaine Zindel sur : *l'Armée française ;*

11° Et moi sur : *l'Association industrielle.*

Je m'exprimai en ces termes :

« Le fait de l'existence constitue, pour l'homme, le droit « de vivre. Le droit de vivre implique *le droit au travail*, « car le travail est la loi providentielle de l'humanité.

« Les deux grands faits de l'existence humaine se résu« ment en ces mots : *Produire pour consommer.*

« Chaque individu de l'état social doit concourir à la « production, dans la mesure de ses facultés. Le concours « à la production constitue le droit à une répartition « équitable des fruits de la production.

« La liberté illimitée du commerce, le morcellement « industriel, perpétuent l'exploitation de l'homme par « l'homme, l'esclavage, l'oppression, en un mot le prolé« tariat.

« Le prolétariat, c'est la guerre éternelle au sein de « l'humanité.

« L'abolition du prolétariat c'est la destruction de l'ex« ploitation de l'homme par un autre homme ; c'est l'inau-

« guration de la paix, de la liberté de l'homme et de l'éga-
« lité sociale à l'*Association industrielle.* »

Puis enfin vinrent les discours du citoyen Kauffmann, rédacteur du *Courrier*, sur : *le Travail matériel social*, et du citoyen Bouvier sur : *l'Instruction de la jeunesse*, et, pour terminer, celui du citoyen Thomas sur : *la Réforme électorale.*

Après cette série de discours *la Marseillaise* fut chantée par les six mille voix présentes.

Lorsqu'il fut question de rentrer en ville toutes les avenues étaient gardées par la cavalerie. Force fut de nous disperser à travers champs pour rentrer au logis.

Le refus du pouvoir de modifier le suffrage universel, amena sa chute et la proclamation de la deuxième République.

De toutes parts les clubs se formaient. Celui des socialistes phalanstériens, dont je faisais partie, était installé à la Rotonde, aux Brotteaux; j'y fus proclamé candidat à la Constituante.

Au Grand-Théâtre il s'était formé le *Club fraternel*, où les candidats venaient y faire leur profession de foi, je m'y rendis pour faire la mienne et répondre en même temps aux questions qui pourraient m'être posées.

J'eus à répondre sur un article, publié dans mon journal, sur la propriété.

Considéré par tous comme communiste, voici ma réponse :

« La terre étant le domaine de l'humanité, ne peut être, en propre, le lot d'une fraction de la population. L'homme à l'état sauvage jouissait de quatre droits pour assurer son existence : *la pêche, la chasse, la cueillette des fruits* et *le pâturage* pour les animaux.

« La terre lui ayant été successivement confisquée, celui

qui naît avec *rien* est donc relativement moins heureux que l'homme à l'état sauvage. Dépouillé de ses droits naturels sur le fonds social, *la terre*, j'estime qu'il y a injustice.

« L'ouvrier ne peut aller dire au Pouvoir : Je n'ai pas de travail! car on lui répondrait : Je n'ai pas à t'en donner, meurs de faim si tu veux, mais avant tout *respecte* la propriété!

« Là est l'injustice, j'estime qu'il lui est dû : le *droit au travail*. La seule, la vraie propriété c'est le *travail accompli*.

« Je conclus donc que tant que cette injustice existerait, la paix sociale ne pourrait exister.

« Il n'y a donc là rien qui puisse justifier l'accusation de communiste que vous portez sur moi. »

Devant la tournure que prenaient les choses, je résolus d'aller à la campagne pendant quelque temps.

En 1848, je reçus une lettre de mon ami Chanay, avocat et député, qui me demandait des nouvelles de Lyon et mon opinion sur la marche de la politique, voici la réponse que je lui fis :

« Cher ami Chanay,

« Eloigné depuis quelques jours des tracas de la ville, et à défaut d'évènements, je vais vous faire part de mon appréciation sur notre révolution si subite, si imprévue et surtout si peu présentée par nous, quoique travaillant le plus à l'accomplissement de cet acte.

« Tellement nous fûmes surpris, que lorsqu'elle fut proclamée, nous nous demandions si nous étions bien éveillés.

« La marche du pouvoir si funeste à la France, avait bien, depuis longtemps, fait pressentir un terme à d'aussi monstrueux abus. On voyait le paupérisme grandir chaque jour, nous préparant une féodalite plus triste que celle de la noblesse, qui devait bien, tôt ou tard, déterminer la crise. Quant à en fixer le terme, ce n'était pas chose facile, attendu que nous n'avions pas, jusqu'ici, l'imprévu parmi les choses en ligne de compte.

« Or, l'imprévu s'étant produit, sommes-nous préparés et en mesure d'en tirer parti.

« Voilà, cher ami, ce que je vais examiner :

« Le tort qu'ont eu, de tout temps, les partis révolutionnaires, c'est de croire qu'il suffit de renverser un pouvoir et le remplacer par un autre, pour obtenir toutes les améliorations qu'on promet au peuple.

« Pour moi, une révolution politique *pure* se résume ainsi : *Déplacement d'un pouvoir des mains de ceux qui entravent la marche du progrès, pour le remettre entre les mains d'hommes bien disposés à marcher de l'avant.*

« Quant à exiger d'eux des résultats immédiats et les conséquences qui en découlent, c'est une grave erreur ; les hommes et les idées ne se transforment pas en un jour.

« Quant à nous, qui n'avons pas cru, comme d'autres, aux conséquences définitives et immédiates de la révolution, j'en ai accepté le principe avec plus de joie que personne et pendant que les plus émerveillés commencent à se refroidir et crier à la trahison, je reste toujours dans les mêmes sentiments, ne me faisant aucune illusion.

« Je vous dirai seulement que j'éprouve une crainte, c'est de voir ceux qui disent aimer le plus la République, ceux qui ont le plus contribué à son avènement, ressembler à certaine mère qui, par élans de tendresse, étoufferait ses enfants à force de caresses.

« Je l'avoue, cette ardeur, qui n'est pas raisonnée,

m'inquiète autant que toutes les tendresses de l'Eglise et des réactionnaires.

« Le pouvoir issu de la volonté nationale manque de plan, malgré toutes ses bonnes intentions.

« Il faut avant tout rétablir la sécurité, il a commencé à restreindre peu à peu la liberté conquise, de peur que ces libertés ne servent de moyens ou plutôt d'atteintes à la tranquillité publique, et le peuple, se voyant arracher une à une ces libertés, se retranche de plus en plus derrière celles qui lui restent, jusqu'à ce qu'une nouvelle révolution vienne encore protester contre un pouvoir qui, de libéral, devient agressif.

« Voilà, cher ami, le secret de toutes nos révolutions, si nous n'y prenons garde, il en sera encore de même cette fois.

« Après s'être vu fermer ses clubs pour en avoir fait des foyers de conspiration, on verra proscrire les associations si elles deviennent anarchistes, bâillonner la Presse sous prétexte qu'un pouvoir a besoin avant tout de l'Ordre, et il est à craindre que ce Pouvoir ne devienne despotique, de même que la Liberté ne devienne Licence.

« L'ignorance est la cause du malheur du peuple, dirigé qu'il est souvent par des exploiteurs ou des intrigants.

« Je vous le demande, prenons les hommes un à un, examinons leurs principes politiques et réorganisateurs et voyons ensuite ce qu'ils peuvent faire devant une assemblée qui, en majorité pourtant, est animée de bons sentiments, n'en passe pas moins son temps en vaines disputes.

« Je suis bien forcé de vous répéter que cette révolution nous a trop surpris, parce que nous n'y étions pas préparés et la majorité du peuple se jette de nouveau dans les intrigues révolutionnaires, dont les suites idéales pourraient bien lui devenir fatales. Je ne suis pas sans inquiétude sur l'avenir de mon pays.

« Agréez, cher ami, etc... »

Mes prévisions se sont malheureusement réalisées, les divisions entre les écoles, les chantiers nationaux, les évènements de juin, étaient de nature à énerver le pays, qui avait soif d'ordre et voulait mettre un frein à ces excès de liberté, et qu'aucun pouvoir n'avait voulu ou pu contenir jusque là.

Puis arrive le coup d'Etat du deux décembre 1851. Je ne veux le rappeler ici, vous n'ignorez pas ce qui se passa. Vous connaissez les noms des proscrits et les souffrances qu'ils ont endurées. Je passerai donc sur ces évènements.

Depuis 1860, et cependant en plein régime impérial, un cercle républicain : *La Ruche*, existait. Parmi les membres honoraires, on pouvait voir les *Leroyer*, *Millaud*, *Ordinaire*, *Barodet*, etc. Mais il fut dissout par ordre du préfet de l'ordre moral *Ducros*, de bien triste mémoire, ce qui n'empêcha pas que c'est dans le sein de ce cercle que fut acclamée la République le 4 septembre 1870.

Après l'avoir saluée, nous nous sommes retirés laissant aux jeunes le soin de former le comité du Salut Public.

Voici donc la République qui renaît au milieu des ruines et du sang. Un homme dont le nom est à jamais glorieux, *Thiers*, va de puissances en puissances chercher les cinq milliards nécessaires à la libération de notre territoire. Cet homme devint le président de cette République qui lui était chère, mais le parti royaliste et clérical l'a renversé pour le remplacer par le maréchal Mac-Mahon, instrument docile entre leurs mains.

A son arrivée au pouvoir, je rédigeai une adresse que j'adressai à mon ami Leroyer en le priant de lui faire parvenir, voici sa réponse (1) :

ASSEMBLÉE NATIONALE

Versailles, 27 mars 1874.

Cher Monsieur Reynier,

« Les Présidents de République, à la façon de M. Mac-Mahon sont très sensibles aux flatteries, mais leurs oreilles sont fermées aux conseils les plus désintéressés et les plus patriotiques. Sous ce rapport, votre Adresse pleine de bon sens et d'équité, en style ferme et honnête, serait mal accueillie.

« D'autre part, vous vous faites d'étranges illusions sur .... dans l'intrigue du 24 mai ; les coalisés d'alors n'auraient jamais offert la lutte s'ils n'avaient .... Ne croyez pas davantage à la sincérité des affirmations des Messages traditionnels sur le maintien de ce *qui est.*

.... laisse parfaitement à l'aise et le champ libre aux conspirateurs monarchiques et ....

« A quoi bon dès lors faire parvenir à sa destination une Adresse qui servira de pâture aux lazzis des............. qui font cortège au Président.

« Je ne puis donc mon ami vous donner un avis favorable et par suite d'en demander la publication à mon journal : l'*Opinion nationale*, qui partage entièrement mes sentiments

---

(1) J'ai remplacé quelques mots par des points pour ne pas mettre sous les yeux du public les appréciations intimes de mon ami et pour ne pas donner sujet surtout à une polémique que je ne pourrais plus soutenir.

sur le Président et ses tendances, il ne l'accepterait même pas dans ses colonnes. Décidez-vous et dites-moi ce que vous voulez faire, je suis à votre disposition.

« Agréez, cher ami, etc... »

A la lecture de cette lettre, j'ai renoncé à la remise de l'adresse en question à M. Mac-Mahon.

***

En 1884, une députation de trois membres, vint me trouver pour m'offrir la candidature au conseil municipal en me présentant le mandat à signer.

A la lecture de ce mandat, je leur demandai vingt quatre heures de réflexion ce qui me fut accordé. Après ce laps de temps, je répondis que je ne pouvais le signer et désirais garder mon indépendance.

Malgré ce refus, je fus porter en tête de la liste, mais je fus obligé de décliner toute candidature devant l'obligation qui m'avait été faite de le signer, je voulais être indépendant tout en étant sincèrement républicain, anticlérical et homme d'ordre.

***

En 1888, une dizaine de républicains réunis dans les bureaux du journal *Le Courrier de Lyon* élaborèrent les statuts de la société *du Centenaire de la Révolution*; j'en fis partie et nous fîmes approuver plus tard ces statuts par l'administration préfectorale.

Lorsque fut décidé l'inauguration de la statue de Baudin tué sur les barricades au coup d'Etat, je fis partie de la délégation et prononçai un discours au banquet auquel assistaient *Burdeau*, *Lagrange*, *Chepier*, et les conseillers sous la présidence de Bérard, président de la société.

***

En 1893, au renouvellement de la Chambre, le Comité central des républicains radicaux du quatrième arrondissement, vint me proposer d'être son candidat pour remplacer Couturier, le député socialiste. Quatre candidats étaient déjà en présence : Rossigneux, Grinand, Faure et Rochet; mais je dus encore une fois, malgré leurs instances, décliner toute candidature, mon grand âge ne me permettant pas de me lancer dans les luttes politiques; je les engageai de porter leurs suffrages sur le candidat du Comité central, qui était alors Clavenad, et je fis publier dans les journaux la note suivante :

« Monsieur le Rédacteur,

« J'ai recours à votre obligeance pour remercier publi-
« quement les électeurs du quatrième arrondissement de
« m'avoir, avant tout choix, offert d'être leur candidat,
« honneur que mon grand âge ne me permet d'accepter.

« Comme homme politique et privé, je ne connais pas
« le citoyen Clavenad, mais j'estime que le Comité l'a jugé
« capable de défendre les intérêts des électeurs.

« Quant à moi, les intentions du Comité à mon égard,
« sont la plus belle récompense qui puisse me toucher
« pour mon dévouement à la République et à l'améliora-
« tion du sort de la classe ouvrière.

« Recevez, etc...

« J. Reynier. »

Là, s'arrête ma vie politique, mon grand âge m'empêchant de m'en occuper aussi activement que je l'aurais désiré et voulant terminer mes Mémoires le plus tôt possible.

HUITIÈME PARTIE

FRANC-MAÇONNERIE

C'est en 1833 que je fus reçu Franc-Maçon dans la loge : *La Bienfaisante*, rite Misraïm, non reconnu par le G.·. O.·. de France (1).

Ce qui donnait beaucoup d'attrait à nos travaux, c'est qu'à ce moment, l'ordre, la discipline, le respect au règlement étaient notre règle.

Les App.·. se présentaient en robes blanches, les C.·. et les M.·. en robes bleues et les hauts grades en robes rouges.

Nous célébrions à ce moment deux fêtes, l'une au réveil de la nature (2), l'autre à son repos (3).

En 1835, cette loge périclitant, quelques FF.·. et moi nous nous affiliâmes à la loge *Les Chevaliers du Temple*, alors en formation.

---

(1) Il doit y avoir une erreur de date, car les Ephémérides des loges maçonniques de Lyon donnent la date du 17 juillet 1835 comme date d'installation de cette loge. Je laisse néanmoins cette date, ne pouvant sûrement me prononcer. C'est du reste celle donnée par le F.·. Reynier.

(2) Le Printemps.

(3) A l'Automne.

Je fus appelé successivement par le suffrage aux grades de M.·. des cérémonies, Secrét.·., Trés.·., et enfin Orat.·.

La chap.·. d'*Union et Confiance* me conféra le grade de Rose-Croix, qu'elle pouvait disposer à titre de récompense. Mes relations avec différentes loges me valurent le titre de membre d'honneur de loges de Paris, Châlons, Strasbourg, et de presque de toutes celles de Lyon.

En 1840, lorsque la crise frappait la classe des tisseurs, j'organisai une fête à leur profit, sous les auspices de toutes les loges, celle du *Parfait Silence* excepté, qui ne voulut pas adhérer.

Pendant que cette fête avait lieu, un violent incendie détruisit le cirque du cours Morand ; après avoir prélevé une part au profit des incendiés, il nous restait encore 4.700 francs, que nous avons nous-mêmes distribués soit aux tisseurs, soit aux pauvres de la ville.

Nous avons ainsi secouru un grand nombre d'infortunes.

En 1849, je fus envoyé en mission à Paris, pour y traiter différentes affaires sur les loges et de plus pour chasser de la Maçonnerie notre représentant Pierre Bonaparte.

Pour des causes diverses, les *Chevaliers du Temple* décidèrent de passer sous l'obédience du Suprême Conseil, mais n'ayant pas eu la majorité, cette Loge dut se dissoudre; je résolus alors de me mettre membre actif des *Amis des Hommes*.

La composition de cette loge portait ombrage au pouvoir, il fallait à tout prix la perdre et 22 membres furent arrêtés et traduits devant un conseil de guerre comme société secrète.

C'était le 22 février 1851. Nous étions en ce moment en état de siège.

J'échappai aux arrestations effectuées parce que mon nom n'était pas encore inscrit.

Si je n'étais pas au banc des accusés, je n'en fus pas moins à celui de la défense et voici en quels termes j'ai parlé :

« *Je devrais être avec mes amis, sur le banc des accusés,* « *car je suis aussi coupable qu'eux, ou, pour mieux dire, ils* « *sont aussi innocents que moi, etc.* »

Malgré la défense du colonel Coustou, qui présidait ce conseil de guerre, je n'en ai pas moins continué ma péroraison ; mais, hélas! malgré mes efforts, tous mes amis furent condamnés à des peines plus ou moins fortes.

Je ne m'en tins pas là et rappelai devant le conseil de révision pour faire casser le jugement, et, grâce aux démarches du prince Paul de Wurtemberg, nous pûmes prouver la fausseté de l'accusation et les faire tous acquitter.

Pour fêter cet acquittement, les *Amis des Hommes* donnèrent une grande fête, suivie d'une conférence par Jules Favre.

C'est là que je prononçai le discours suivant :

« Chaque fois que je viens partager vos travaux, j'éprouve le besoin de vous ouvrir mon cœur : parler de la maçonnerie et vivre quelques instants de cette vie intellectuelle, qui nous place au-dessus des choses vulgaires, a toujours pour moi un attrait auquel je ne puis résister et ce que je viens d'entendre est bien fait pour m'inspirer.

« A votre dernière fête, quoique un peu découragé, je vous disais : « *Ne craignez rien, vous ne pouvez mourir.*

« Depuis cette époque, bien des évènements se sont succédés, la société entière a été ébranlée sur sa base, la Lumière et les Ténèbres, le Bien et le Mal se sont trouvés en présence, et la Franc-Maçonnerie, ce laboratoire des idées, s'est vue forcée de suspendre ses travaux, sur l'ordre d'un pouvoir despotique.

« Une fois l'horizon éclairci, nous avons repris notre œuvre, mais que de réflexions pendant ce silence forcé et quel butin apportons-nous cependant à la ruche commune !

« Quant on voit notre pauvre humanité qui, depuis tant de siècles a été traînée à la remorque de ce que nous appelons en notre langue : *Mensonge*, *Ignorance*, *Ambition*. Eh bien, c'est de là qu'est née la Franc-Maçonnerie, nous l'avons vu venir du fond de l'Inde et de l'Egypte, pâle, mais résignée au milieu des blasphèmes.

« Souvent la flamme inquisitoriale a ondulé son front, mais, comme une divine auréole, la main sur ses blessures, elle a toujours marché de l'avant, et, toujours, elle apparaît au monde revêtue du manteau de l'immortalité.

« Jetons un coup d'œil sur la terre et voyons ce qui se passe ; où sont les principes stables, les systèmes durables ? L'idée chrétienne est toujours vivace, elle est sous la sauvegarde de nos consciences, contre lesquelles toutes les bulles d'excommunication et les zouaves pontificaux ne peuvent rien.

« Écoutez donc cette sentence :

« *O vous qui prétendez encore nous ramener en arrière,*
« *vous n'êtes plus que des feuilles sèches qui tombent du grand*
« *arbre humanitaire et ne peuvent servir que de fumier pour*
« *faire pousser celles qui doivent vous remplacer.* »

« La phase critique dans laquelle nous sommes, touche à sa fin ; un siècle suffira du reste pour cela et nous entrerons alors dans la phase organique d'où renaîtra la foi vraie, démontrée par la science.

« A ceux qui viendront nous dire que la franc-maçonnerie a fait son temps, qu'ils réfléchissent. Nous planterons notre drapeau sur la brèche, et, s'il le faut, vous nous trouverez toujours prêts à combattre le fanatisme et l'erreur sous quelle forme qu'ils se présentent, et il nous reste un devoir à remplir, c'est celui de vous faire connaître ce que nous pensons.

« Nous nous efforcerons de dérouler à vos yeux le tableau de l'humanité, nous rechercherons son origine, d'où elle vient, où elle va, son passage sur cette terre et sa fin.

« Nous rechercherons la loi de l'analogie et les rapports qui existent entre l'homme et l'univers.

« Guidé par vos sages conseils et vos lumières, je ne me sentirai plus seul pour apporter à cette ruche ma part de butin et faire table rase de tous les sophismes métaphysiques dont on berce la jeunesse.

« Nous mettrons fin à cette éducation bâtarde et superstitieuse, à laquelle l'enfant cesse de croire lorsqu'il a les yeux ouverts à la lumière. Les temps sont proches, de tous les points du globe s'élèvent des voix d'avenir.

« Voyez à l'horizon poindre les rayons de lumière de la science qui vont dissiper les brouillards de la foi.

« Les vaisseaux de la Franc-Maçonnerie partent, ni les orages, ni les tempêtes ne les empêcheront d'arriver au port. »

J'ai prononcé bien d'autres discours, mais ne peut les donner ici, le cadre est du reste trop restreint, mes amis les connaissent, cela me suffit.

J'ai toujours, dans le cours de ma carrière maçonnique, insisté sur la nécessité de faire participer la femme à nos fêtes de famille et d'organiser même, à leur intention, des conférences.

Je me suis fait l'apôtre de cette propagande.

J'ai traité différents sujets en style humoristique et plaisant sur les farces catholiques :

La Femme et la Fin du monde.
Le Catholicisme, la Femme et la Franc-Maçonnerie.
Le Procès du Diable au Paradis.
Dieu, Satan et la Première femme.
Ce que Femme veut, Dieu le veut.
La Femme et la Poupée.
La Femme et les Préjugés.
La Femme et la Mode.
La Femme et les Fleurs.
La Femme et l'Eglise.
La Femme et le Paradis.
La Femme et l'Éducation.
La Femme dans le passé et dans le présent.
Les Trois Femmes.
La Dévote convertie.
La Femme et le Confessionnal.
La Femme, les Libres-Penseurs et la Franc-Maçonnerie.

Le 16 janvier 1884, les loges Tolérance et Cordialité et Lumière et Justice, réunies à l'occasion de ma cinquantaine de maçonnerie, m'ont offert gracieusement un bijou en argent, et l'orateur, faisant l'apologie de mes travaux, a rappelé que le Suprême Conseil, en récompense des services par moi rendus, m'avait conféré, en 1874, et gratuitement, le titre de Chevalier K.·. ou 30e. Ce fut en 1886 que je fus élevé au 31e.

Le 12 novembre 1893 (E.·. V.·.) j'ai demandé mon affiliation à la loge Bienfaisance et Amitié, à la Croix-Rousse, ce qui m'a été accordé.

MA NOMINATION D'OFFICIER D'ACADÉMIE

En 1896, la *France prévoyante*, du premier arrondissement, donnait une fête au Grand-Théâtre de notre ville, sous la présidence du F.·. Doumer, ministre des Finances. En attendant l'heure du banquet, les délégations de toutes les loges se présentèrent à la préfecture pour saluer ce F.·. ainsi que le F.·. Bourgeois ; je leur fus présenté en qualité de doyen de la Maçonnerie lyonnaise et c'est là que notre préfet me fit obtenir les palmes d'officier d'académie que je n'avais pu obtenir depuis plusieurs années.

La L.·. Bienfaisance et Amitié offrit, à cette occasion, un vin d'honneur aux nouveaux promus et fit don des palmes académiques au F.·. Bizet et à moi, et d'une épée d'honneur à un officier décoré depuis peu, quoique ayant mérité cette distinction honorifique depuis longtemps ! Mais son crime était d'être Franc-Maçon !!!

Quelques jours plus tard, ma loge, Tolérance et Cordialité, ayant eu connaissance que je m'occupais à écrire mes Mémoires, résolut de m'offrir par souscription un encrier magnifique avec une plume d'or, chef-d'œuvre d'art qui me furent remis en grande cérémonie par les personnages les plus influents de notre ville que je ne veux nommer.

Ce fut le plus beau jour de ma vie, le couronnement de ma carrière. Aussi terminerai-je en m'écriant :

A la Franc-Maçonnerie Lyonnaise, mon éternelle reconnaissance !

CONCLUSIONS

En lisant ces Mémoires, mes lecteurs croiront-ils à une vie si agitée? C'est cependant l'exacte vérité.

Né petit, chétif, j'aurais dû être égoïste et personnel. Eh bien, non, il me fallait toujours m'occuper de mon semblable; cette occupation était ma vie. J'ai la satisfaction de croire que vous la trouverez bien remplie.

En 1888, j'eus la douleur de perdre mon gendre. Ma fille, sa femme, vint habiter avec nous et ne voulut plus entendre parler de travail pour nous, elle nous fit vendre nos métiers, et, apportant alors à la maison ses économies et son amour filial, nous pûmes, ma chère femme ainsi que moi, passer dès lors une vie paisible entourée de tous ses soins.

Mon fils a deux filles et un petit garçon qui pourra encore conserver notre nom. Mais, hélas! un pied sur la tombe, je ne regrette qu'une chose, c'est de ne pas avoir le temps de lui inculquer mes idées républicaines et son dévouement à la Maçonnerie. Hélas, il faut se résigner, car il a cinq ans et j'en ai quatre-vingt-six.

J'emporte avec moi l'espoir de le voir suivre les traces de son grand-père.

Là, s'arrête mes Mémoires.

A ceux qui m'ont promis de les mettre en ordre et de les publier, de tenir leur promesse, je quitte cette pauvre terre avec la ferme conviction qu'ils feront tous leur devoir.

APPENDICE

AUX

MÉMOIRES DE J. REYNIER

APPENDICE

Maintenant que les Mémoires de Joseph Reynier sont terminés, c'est à nous désormais de parler en son nom : nous commencerons par citer ses ouvrages.

SES OUVRAGES

1842 Recueil des chants de l'Union Industrielle.
1871 Peuple, Papes et Rois.
1879 La crise ouvrière.
1881 Etude sur la misère et ses causes (*Lyon Républicain*, 13, 16 et 19 août 1881).
1885 La crise économique et sa cause.
1894 Les Sociétés de la Croix-Bleue (la lutte contre l'alcoolisme, *Lyon Républicain*, 13 janvier 1894).
1894 Les étapes de l'Humanité (*Sup. Lyon-Républicain* 27 septembre 1894).
1895 Pauvres et mendiants (*Sup. Lyon-Républicain*, 10 mai 1895).

Il a collaboré à la rédaction du journal l'*Echo de la Fabrique*, en 1845.

Et au journal l'*Echo de l'Industrie*, en 1845 et 1846.

SES PIÈCES DE THÉATRE

1856 Le Franc-Maçon, comédie-vaudeville en 1 acte.
1867 La Carotte, ou le spirite converti.
1892 La France, pièce en 3 époques et en vers.

SES CHANSONS

Je suis conscrit (1831).
Le Juif-Errant (1832).
Voilà pourquoi je suis garçon.
Peuples soutenons-nous en frères (1848).
Le Sans-Souci.

SES DERNIERS MOMENTS — SA FIN — SON TESTAMENT SA MORT — SES FUNÉRAILLES

J. Reynier s'est éteint à 86 ans, le 13 février 1897, après une courte maladie entouré de sa femme, déjà bien agée, de ses enfants et ses petits enfants.

Tant qu'il vécut, il adora la Franc-Maçonnerie, c'était son culte.

J. Reynier aimait à nous égayer de ses lazzis, toujours un mot aimable pour tous, surtout pour les dames.

Dans nos réunions, son bonheur était d'être parmi nous pour porter sa parole si simple et malgré cela si solide et si écoutée.

Dans nos fêtes, toutes nos loges ont pu le voir soit pour nous distraire par ses séances de prestidigitation ou ses pièces de comédie, etc...

On l'aimait comme un père, aussi l'avait on surnommé *Père Reynier*.

Quelque temps avant sa maladie, quelqu'un voulut le convertir en lui disant qu'il était sur une mauvaise route, mais voyant sa persistance, on lui proposa de le mettre en rapport avec l'abbé Sifflet, qui plus éloquent, arriverait, parait-il ? *à le faire changer d'idées*. Il accepta et l'abbé Sifflet commença ses tentatives. J. Reynier qui aimait la controverse, la discussion, le laissa parler. Il est bien permis à un franc-maçon de parler à un prêtre surtout pour lui répondre.

Dans leur conversation il ne fut nullement question de confession, de communion, etc.

Si parfois J. Reynier dans ses entrevues aimait à traiter les questions religieuses c'était pour les combattre, car sa religion était la religion maçonnique. Voici du reste une partie du discours qu'il prononça le 19 décembre 1870, à Bourgoin aux obsèques du citoyen et F.·. Molroguier, Félix :

« La presse enregistre chaque jour les noms de ceux que la mort moissonne dans les rangs élevés de la société ; elle raconte avec emphase les titres plus ou moins certains de ces hommes à la considération publique, mais elle est muette et ne sait rien dire sur la vie simple, obscure mais vertueuse du modeste travailleur.

« Et l'Eglise, l'Eglise elle-même, est-elle exempte de ce reproche, n'a-t-elle pas répudié son origine, sa pureté primitive en accordant ses prières non pas au vrai mérite mais à ceux qui payent le plus ; ils ont mis aux enchères le ciel et n'en ouvrent la porte qu'avec une clef d'or.

« Et pourtant le Christ était l'ami du pauvre, du pauvre qu'il est venu racheter, de la femme qu'il est venu affranchir, et ce n'est pas sans raison qu'il dit aux puissants : *Tes richesses périront avec toi, si tu crois que les dons de Dieu se paient avec de l'or*... et il dit plus encore s'adressant aux prêtres : *ne dévorez jamais la maison de la veuve sous prétexte de vos longues prières*. Que sont devenus ces préceptes sublimes,ces maximes sacrées? Ils les ont foulés aux pieds. Le Christ prêchait l'abnégation des biens terrestres et ses serviteurs aujourd'hui convoitent toutes les jouissances mondaines. Il prêchait la pauvreté et disait aux riches :

donnez votre superflu, et ils ont fait du culte une industrie lucrative. Ils tressaillent d'aise à l'agonie du riche qui leur promet une large curée : à lui les honneurs funèbres, les bruyantes prières, les tentures, l'éclat des bougies, le brillant cortège et le somptueux mausolée pour perpétuer son souvenir...

« Mais toi, travailleur, toi homme modeste mais obscur, toi que nous pleurons ici, si tu n'as rien de l'Eglise que ce que le tarif accorde à ce que ta veuve peut payer, tu emporte la plus belle richesse, le regret de tes frères et de ceux qui t'ont connu, et si du haut de ta dernière demeure tu peux jeter un regard sur nous tu verras que le culte de l'Eglise ne peut égaler celui de tous les cœurs émus et recueillis autour de la tombe qui va recevoir ta dépouille.

« Mais si l'Eglise, oublieuse de son passé, n'a pas craint de renier son maître, il est une institution qui a su maintenir intacts dans son sein, et dans toute leur pureté, les principes du vrai christianisme. Cette institution c'est la Franc Maçonnerie.

« Oui, la Maçonnerie, que ses adversaires osent calomnier et présenter comme une association impie, immorale, niant Dieu, la vertu, et prêchant le désordre. A ceux qui nous traitent d'impies, nous répondons : nous sommes plus religieux que vous qui avez inscrit sur votre bannière *hors de mon sein point de salut*, et condamnez ainsi les deux tiers du genre humain.

« Oui, frères c'est encore la Franc-Maçonnerie qui, en dépit de tous ces détracteurs proclame la morale la plus pure, résumée en ces mots : *aime ton prochain comme toi-même et fais lui tout le bien que tu voudrais qu'il te fît.*

« C'est ainsi que nous avons un souvenir de regret et de douleur pour celui qui va reposer en ces lieux. Bon époux, bon père, bon ami, il emporte dans la tombe un bien que nous devons tous envier, l'amour et les regrets de tous ceux qui l'ont connu ; et devant cette froide dépouille, dans ce champ du repos et de l'égalité, au riche ou au pauvre, bon ou méchant, nous demandons à quoi a servi l'orgueil, le mensonge, la force brutale, la tyrannie, la persécution, pour venir comme le plus modeste, payer sa dette à la mort et ne laisser pour souvenir qu'une mémoire détestée.

« O vous, puissants du jour, qui tenez entre vos mains la destinée des peuples, Rois qui devez pourvoir à tous nos besoins temporels ; prêtres qui nous devez toutes les satisfactions de l'âme ; vous tous enfin qui vous dites inspiré du Dieu que vous invoquez sans cesse, si vous étiez là un instant, en face de cette tombe ouverte devant la porte de l'Eternité, dites-moi si vous ne reculeriez pas tous d'épouvante en songeant aux victimes sans nombre que papes et rois, vous y avez précipitées pour satisfaire vos ambitions ou pour perpétuer vos dynasties, etc...

« C'est en remplissant comme lui nos devoirs d'époux de père, de citoyens que nous mériterons à notre tour l'estime de nos concitoyens et au jour suprême leurs regrets. »

Une autre preuve que J. Reynier n'entendait pas de la même oreille que l'abbé Sifflet, c'est la réponse qu'il fit au secrétaire de Mgr Fava, évêque de Grenoble, lorsque celui-ci lui adressa, en septembre 1892, la brochure intitulée : *La Franc-Maçonnerie démasquée*, à l'adresse suivante :

A M. Reynier, rentier, Grande-Côte, 59

Voici la fin de sa lettre :

« Je ne ferai pas aux représentants de l'Eglise l'injure
« de penser un instant qu'ils croient ce qu'ils enseignent,
« je ne vous exposerai pas ici également nos principes,
« vous les connaissez ainsi que leur puissance.

« Comme vous connaissez vos faiblesses, nos places sont « bien prises, rien ne nous les fera abandonner; vous « n'insérerez donc pas ma réponse dans votre Revue, ni « n'engagerez de polémique avec moi.

« Voyez, Monsieur, on ne remonte pas le cours des âges « et le passé ne saurait redevenir le présent; tout naît, se « développe, vieillit et se transforme, car rien ne meurt; « il en est de même des idées, qui, ayant donné la somme « qu'elles ont pu produire soit en bien soit en mal, « passent, tombent, pour faire place à d'autres, plus en « harmonie avec les besoins nouveaux, et vouloir en « arrêter le cours, serait vouloir ressouder les feuilles que « fait tomber le vent d'automne à la place de celles que « fait pousser la sève du printemps.

« Malgré vos congrès, vos chaires, vos journaux, vos « cercles catholiques, toutes ces armes ne sauraient « résister au courant qui entraîne la Société dans ses « nouvelles destinées, car elle a pour elle la *science*, qui « chaque jour déchire une page au livre de l'Erreur, pour « en ajouter une à celui de la Vérité.

« Pour conclure, toutes les attaques dont nous sommes « l'objet se réduisent à des fables grotesques et ridicules, « que vous jetez en pâture à cette armée d'âmes abruties « par vos ridicules mystères, auquel un écolier laïque de « douze ans ne croirait pas.

....

« Je résume en deux mots ce qu'est votre religion:

« — Qu'est-ce que le catholicisme?

« — C'est une apparence de religion destinée à couvrir « une vaste opération commerciale et dominatrice!

« Je vous mets au défi de lui donner une plus juste « définition.

« Veuillez agréer, etc. J. REYNIER.

M. P. Sifflet a cru devoir profiter de ses quelques visites à M. Reynier pour, *après sa mort*, insinuer qu'il voulait probablement les secours de la religion. Eh bien, *non*, J. Reynier, par son testament, nous a fixé sur ses dernières volontés. Il avait même poussé la précaution de le faire en trois exemplaires et il fut remis avec la lettre fixant tous les détails de ses funérailles, à qui de droit, sous pli cacheté, le jour de son décès.

Il avait défendu l'introduction, chez lui, de tout ministre catholique à sa dernière heure. Sa famille a respecté ses volontés, elle a bien fait.

Oh! il n'était pas nécessaire de faire paraître, le lendemain de ses obsèques, cet entrefilet dans la *France Libre* du 24 février 1897 :

« Si on ne m'avait pas écarté quatre fois de son lit de « mort, systématiquement et sous des prétextes que je « *savais* futiles d'après des renseignements certains, peut-« être aurait on vu se modifier ses idées et ses funérailles.»

La première fois que cet abbé se présenta chez lui, *pendant sa maladie*, le père Reynier dormait ; sa fille ne voulut pas le réveiller, mais à son réveil elle lui fit part néanmoins de sa visite, il lui répondit : « *Tu diras à l'abbé Sifflet qu'il pourra venir lorsque je me porterai bien, mais tant que je serai malade, je ne veux pas le recevoir.* »

M. l'abbé doit se souvenir de ces paroles, qui lui ont été rapportées à deux reprises différentes.

Quant à l'idée que l'abbé Sifflet pouvait avoir de modifier ses *idées* et ses *funérailles*, nous lui répondrons : *peine perdue.*

J. Reynier a peut-être voulu éviter qu'on ne lui donne la communion pas plus alors qu'il était moribond que lorsqu'il se portait bien. On ne peut le savoir.

Pour preuve de ce que nous avançons, nous mettrons sous les yeux de tous la copie exacte de ce testament, qui porte la date du 3 mai 1890, avec codicille du 19 février 1894.

Sitot en terre mon Vénérable donneras lecture de mes dernières volontés. -

Je prie Mon Epouse et ma fille de bien-vouloir se conformer à mes volontés dernières ce seras la plus grande preuve d'amitié qu'elles donneront à celui qui les a profondement aimé, je désire n'être enterré que le troisième jour de mon décès, et ne veux la présence d'aucun prêtre ne leur reconnaissant pas le caractère Religieux qu'ils s'atribuent. je suis chrétien mais non catholique Romain. autant je vénère les principes de Jésus que je me suis efforcé de pratiquer; autant je repousse ceux qui sous son couvert exploitent le peuple, et Battent monnaie sur son ignorance, sur ce peuple que le Christ voulait affranchir.

J'ai cherché une doctrine Religieuse qui fut conforme à mes sentiments. mais toutes sont exclusives. se repoussent. et par consequant ce qu'il y a de plus religieux aimons nous les uns les autres c'est donc en dehors des religions officielles que j'ai trouvé le culte qui seras un jour celui de l'humanité ce culte cette Religion toute de tolérance qui unis sous sa Banière toutes les croyances sincères,

qui n'impose pas. mais qui persuade c'est
La Maçonerie. »

Je désire donc être enteré Maçoniquement. et
ne veut sur ma Bière que mes ornement, un petit
triangle d'imortelle au millieum de laquelle sera
placé le Bijoux qui me fut donné pour avoir
prit part à la Défence de mes ff∴ devant les
conseils de guerres. telles sont mes volontés
Dernières ——— (1)

Lyon le 3 mai 1890

J' Reynier 31me

Nota. je désire en allant au champ du repos passer
au temple pasage de l'enfance.

J' Reynier

Lyon ce 19 février 1892

(1) en recevant la lumière j'ai dans mon testament la
donné 250 fr pour les pauvres simple ouvriers j'ai pour
moi même. j'ai chargé ma famille lors que l'on
ferait une fête funèbre de les verser à mon
Vénérables si tout les ffs agissaient ainsi bien des
misères seraient soulagées

Ses amis, nos lecteurs qui reconnaissent bien son écriture peuvent se rendre compte par là des absurdités contenues dans l'article ci-dessus et ce testament bien en régle suivant la loi sur la liberté des funérailles du 15 novembre 1887 aurait été exécuté même *manu militari* s'il eut fallu.

Quant aux autres parties de l'article publié le même jour, il en est une qui est asssez comique.

La *Francé Libre*, toujours sous la signature P. Sifflet, dit :

« Le portrait qu'a présenté du défunt le citoyen Bizet, n'était pas de tous points exact. Le f.·. Reynier était loin d'être un franc-maçon intransigeant et à convictions inébranlables. Il m'avait demandé, depuis deux ans de fréquentes entrevues et aimait à traiter de questions religieuses. Il avait accepté de moi avec plaisir un volume d'apologétique catholique et m'avait même par écrit confié l'histoire de sa vie.

« Il ne m'en coûte pas de dire qu'il m'a paru de bonne foi. Son idée était fixe — rêve d'utopiste — était la reconciliation de l'Eglise et de la Franc-Maçonnerie. »

C'est dommage, monsieur l'abbé, que vous ne soyez pas parvenu à cette conversion, vous auriez peut-être fait un miracle. Que voulez-vous, il est bien difficile de faire plier le chêne déjà vieux.

La preuve que le père Reynier était bien intransigeant et à convictions inébranlables se trouve tout au long dans son testament et ce ne sont pas les entrevues qu'il aurait pu avoir avec vous qui nous donneront la certitude que le père Reynier voulait se convertir, loin de là.

Lorsque la *France Libre* dit :

« Du reste, le corps avait été transporté à la loge de la rue Hénon, pour servir à une solennnelle manifestation. »

N'avons-nous pas le droit de faire chez nous ce que bon nous semble. L'Eglise prétend que c'est une manifestation lorsqu'un ministre d'un culte n'accompagne pas un corps, et que pense-t-elle lorsqu'il y a Suisse, enfants de chœur, et un grand nombre de prêtres, affublés d'oripaux, chantant les *oremus* devant celui qui veut se faire enterrer religieusement. Cependant la Franc-Maçonnerie ne se récrie pas, puisqu'elle a pour principes la tolérance mutuelle, le respect des autres et de soi-même, la liberté absolue de conscience.

Et lorsque ces soi-disant chrétiens continuent par ces mots :

« Il est parti pour un pays où les palmes académiques, « même données par Bourgeois et où les gradés maçonniques « ne pénètrent guère ! Malgré la réclame faite sur son « cadavre, j'espère que Dieu lui tiendra compte des hési- « tations de son âme et du bien qu'il a fait ou cru faire. »

Ils nomment cela *ne pas* dire du mal de son prochain !!!

Que voulez-vous, vous avez l'ordre de combattre la Franc-Maçonnerie ; nous nous ne quitterons pas nos devises :

Etre bon et tolérant, bien faire et laisser dire.

SES FUNÉRAILLES

Oui, la loge *Bienfaisance et Amitié,* l'a fait transporter à son temple, tout tendu de noir, disposé en chapelle ardente ainsi qu'il l'avait demandé.

Oui, plus de 1500 personnes sont venues défiler, ne vous déplaise, devant ce cercueil où reposait cet homme de bien.

Oui, plus de 5 à 600 signatures ont été apposées sur le livre qui restera dans les archives de la loge pour signaler la trace de cette imposante cérémonie et prouver que la Franc-Maçonnerie se conforme toujours aux dernières volontés d'un de ses membres.

* * *

Pour terminer, voici l'article que lui a consacré le *Lyon Républicain* dans son numéro du lundi, 15 février 1897, et qui nous a valu les foudres de M. l'abbé Sifflet :

FUNÉRAILLES DU F.·. REYNIER

M. Reynier, le doyen de la Maçonnerie lyonnaise, a été enterré, hier, au cimetière de la Croix-Rousse. Cette cérémonie a été l'occasion d'une imposante manifestation, car M. Reynier comptait de vives et nombreuses amitiés.

Conformément aux volontés du défunt, une réunion de maç.·. a eu lieu au T.·. de la L.·. Bienfaisance-Amitié, rue Hénon, où le corps avait été transporté, puis le cortège s'est formé à 3 heures et dirigé vers le cimetière de la Croix-Rousse.

Malgré un temps atroce, deux mille personnes au moins stationnaient devant le temple; la plus grande partie a accompagné le corps à sa dernière demeure.

En tête marchaient les porteurs de couronnes; nous avons remarqué celles offertes par le Denier des écoles, le Patronage des enfants pauvres, les loges lyonnaises, etc.

Sur le cercueil étaient placés un triangle d'immortelles et le bijou qui avait été donné au F.·. Reynier en souvenir de la défense de ses frères devant le conseil de guerre.

MM. Robin, Montelet, Sage, Fournier, tenaient les cordons du poêle. Dans l'assistance : MM. Cadet, Beauvisage, Brunard, Bizet, Boudet, conseillers municipaux; Cazeneuve, conseiller général; Debolo, receveur municipal; Crescent, etc., etc.

Il faisait nuit quand le cortège est arrivé au cimetière la pluie tombait avec rage; aussi n'a-t-on pas bien entendu l'adieu adressé au regretté défunt par M. Bizet, parlant au nom des Francs-Maçons.

Voici le discours de M. Bizet :

FF.·., celui que nous pleurons aujourd'hui contribua à la formation au Rite Ecossais de la L.·. « Les Amis des Hommes » composée en grande partie de tisseurs ses collègues et à laquelle il devait s'affilier.

A peine formée, cette loge fut accusée d'être une société secrète et de faire du carbonarisme. Le coup d'Etat était victorieux, l'état de siège et les commissions mixtes fonctionnaient avec une extrême rigueur. 22 membres de la Loge furent traduits devant le conseil de guerre. Aucun avocat ne voulant se charger de la défense, le F.·. Reynier le fit avec tant de chaleur et d'énergie et tant d'honnêteté que, chose rare avec de pareils juges, il obtint l'acquittement des accusés.

Aimé et affectionné par tous, sollicité de toutes parts, nous le voyons aller, malgré son grand âge, porter la bonne parole dans toutes nos fêtes républicaines et discuter avec toute l'autorité que lui donne sa longue expérience, toutes les questions qui sont à l'ordre du jour dans nos congrès progressistes.

Tel est, mes F.·., brièvement résumé, le rôle maçonnique de celui que nous perdons aujourd'hui.

Mais son rôle ne se borne pas à la Maç.·., nous le voyons dans la vie profane, avec le même zèle et la même activité, appliquer en toutes occasions, les principes maç.·. de justice, de fraternité et de solidarité sociales.

Il a été le promoteur, le fondateur et l'organisateur d'un grand nombre de sociétés démocratiques et de bienfaisance, parmi lesquelles je citerai le Patronage des Enfants pauvres, le Denier des Ecoles, la Société du centenaire de la Révolution, la Prévoyance scolaire, la Société des Dames Lyonnaises, etc.

Profondément dévoué à toutes les infortunes et ne sollicitant jamais rien pour lui, mais au contraire usant de toute son influence pour les malheureux, il s'associe à toutes les fêtes de bienfaisance au profit des petits et des faibles.

En un mot, mes Frères, partout où il y a une action démocratique à exercer, une œuvre de bien à accomplir, notre Frère J. Reynier, a été le premier sur la brèche, guidé dans tous les actes de sa vie par son grand cœur et par la satisfaction de faire son devoir de franc-maçon et de républicain.

Dans le monde, on glorifie souvent de leur vivant des citoyens grands par leurs services rendus, par leur science, leur talent ou leur génie. Il appartenait à la Maçonnerie de glorifier aussi après sa mort un des siens les plus modestes. Frère Reynier, au nom de la Maçonnerie, au nom de tous les républicains, ta vie politique nous servira à tous d'exemple.

Adieu ! adieu ! adieu !

FIN

TABLE DES MATIÈRES

Imp. [illegible], cours Gambetta, 32, Lyon

www.ingramcontent.com/pod-product-compliance
Lightning Source LLC
LaVergne TN
LVHW020029170826
845678LV00001B/184

* 9 7 8 2 3 2 9 7 6 9 6 8 4 *